谢林著作集

先刚 主编

布鲁诺

Bruno

〔德〕谢林 著　庄振华 译

图书在版编目(CIP)数据

布鲁诺/(德)谢林著;庄振华译. —北京:北京大学出版社,2020.1
ISBN 978-7-301-30582-9

Ⅰ.①布… Ⅱ.①谢…②庄… Ⅲ.①谢林(Schelling, Friedrich Wilhelm Joseph von 1775—1854)—哲学思想 Ⅳ.① B516.34

中国版本图书馆CIP数据核字(2019)第135115号

书　　　　名	布鲁诺
	BULUNUO
著作责任者	〔德〕谢 林 著　庄振华 译
责 任 编 辑	王晨玉
标 准 书 号	ISBN 978-7-301-30582-9
出 版 发 行	北京大学出版社
地　　　　址	北京市海淀区成府路205号　100871
网　　　　址	http://www.pup.cn　新浪微博:@北京大学出版社
电 子 邮 箱	编辑部 wsz@pup.cn　总编室 zpup@pup.cn
电　　　　话	邮购部 010-62752015　发行部 010-62750672
	编辑部 010-62752025
印 刷 者	北京中科印刷有限公司
经 销 者	新华书店
	650毫米×980毫米　16开本　17.25印张　170千字
	2020年1月第1版　2023年11月第2次印刷
定　　　　价	88.00元

未经许可,不得以任何方式复制或抄袭本书之部分或全部内容。
版权所有,侵权必究
举报电话:010-62752024　电子邮箱:fd@pup.cn
图书如有印装质量问题,请与出版部联系,电话:010-62756370

中文版"谢林著作集"说明

如果从谢林1794年发表第一部哲学著作《一般哲学的形式的可能性》算起,直至1854年写作《纯粹唯理论哲学述要》时去世为止,他的紧张曲折的哲学思考和创作毫无间断地整整延续了60年的时间,这在整个哲学史里面都是一个罕见的情形。① 按照人们通常的理解,在德国古典哲学的整个"神圣家族"(康德—费希特—谢林—黑格尔)中,谢林起着承前启后的关键作用。诚然,这个评价在某种程度上正确地评估了谢林在德国古典哲学发展过程中的功绩和定位,但另一方面,它也暗含着一个贬低性的判断,即认为谢林哲学尚未达到它应有的完满性,因此仅仅是黑格尔哲学的铺垫和准备。这个判断忽略了一个基本事实,即在黑格尔逐渐登上哲学顶峰的过程中,谢林的哲学思考始终都与他处于齐头并进的状态,而且在黑格尔于1831年去世之后继续发展了二十多年。一直以来,虽然爱德华·冯·哈特曼(Eduard von Hartmann)和海德格尔(Martin Heidegger)等哲学家都曾经对"从康德到黑格尔"这个近乎僵化的思维模式提出过质

---

① 详参先刚:《永恒与时间——谢林哲学研究》,第1章"谢林的哲学生涯",商务印书馆,2008年,第4—43页。

疑，但真正在这个领域里带来颠覆性认识的，乃是瓦尔特·舒尔茨（Walter Schulz）于1955年发表的里程碑式的巨著《德国唯心主义在谢林后期哲学中的终结》①。从此以后，学界对于谢林的关注度和研究深度明显提高了一个档次，越来越多的学者都趋向于这样一个认识，即从某种意义上来说，谢林才是德国古典哲学或德国唯心主义的完成者和终结者②。

我们在这里无意于对谢林和黑格尔这两位伟大的哲学家的历史地位妄加评判。因为我们深信，公正的评价必须而且只能立足于人们对于谢林哲学和黑格尔哲学乃至整个德国古典哲学全面而深刻的认识。为此我们首先必须全面而深入地研究德国古典哲学的全部经典著作。进而言之，对于研究德国古典哲学的学者来说，无论他的重心是放在四大家里面的哪一位身上，如果他对于另外几位没有足够的了解，那么很难说他的研究能够获得多少准确而透彻的认识。在这种情况下，对于中国学界来说，谢林著作的译介尤其是一项亟待补强的工作，因为无论对于康德、黑格尔还是对于费希特而言，我们都已经拥有相对完备的中译著作，而相比之下，谢林著作的中译仍然处于非常匮乏的

---

① Walter Schulz, *Die Vollendung des deutschen Idealismus in der Spätphilosophie Schellings*, Stuttgart, 1955; zweite Auflage, Pfullingen, 1975.

② 作为例子，我们在这里仅仅列出如下几部著作：Axel Hutter, *Geschichtliche Vernunft: Die Weiterführung der Kantischen Vernunftkritik in der Spätphilosophie Schellings*, Frankfurt am Main, 1996; Christian Iber, *Subjektivität, Vernunft und ihre Kritik. Prager Vorlesungen über den Deutschen Idealismus*, Frankfurt am Main, 1999; Walter Jaeschke und Andreas Arndt, *Die Klassische Deutsche Philosophie nach Kant: Systeme der reinen Vernunft und ihre Kritik (1785-1845)*, München, 2012。

局面。有鉴于此,我们提出中文版"谢林著作集"的翻译出版规划,希望以此推进我国学界对于谢林哲学乃至整个德国古典哲学的研究工作。

中文版"谢林著作集"所依据的德文底本是谢林去世之后不久,由他的儿子(K. F. A. Schelling)编辑整理,并由科塔出版社出版的十四卷本《谢林全集》(以下简称为"经典版")①。"经典版"《谢林全集》分为两个部分,第二部分(第11—14卷)首先出版,其内容是晚年谢林关于"神话哲学"和"启示哲学"的授课手稿,第一部分(第1—10卷)的内容则是谢林生前发表的全部著作及后期的一些手稿。自这套全集出版以来,它一直都是谢林研究最为倚重的一个经典版本,目前学界在引用谢林原文时所遵循的规则也是以这套全集为准,比如"VI, 60"就是指所引文字出自"经典版"《谢林全集》第六卷第60页。20世纪上半叶,曼弗雷德·施罗特(Manfred Schröter)为纪念谢林去世100周年,重新整理出版了"百周年纪念版"《谢林全集》②。但从内容上来看,"百周年纪念版"完全是"经典版"的原版影印,只不过在篇章的编排顺序方面进行了调整而已,而且"百周年纪念版"的每一页都标注了"经典版"的对应页码。就此而言,无论人们是使用"百周年纪念版"还是继续使用"经典版",没有本质上的差别。唯一需要指出的是,"百周年纪念版"相比"经典版"还是增加了新的

---

① F. W. J. Schelling, *Sämtliche Werke*, Hrsg. von K. F. A. Schelling, Stuttgart und Augsburg: Cotta'sche Buchhandlung, 1856-1861.

② *Schellings Werke. Münchner Jubiläumsdruck, nach der Originalausgabe (1856-1861) in neuer Anordnung*, Hrsg. von Manfred Schröter, München, 1927-1954.

一卷,即所谓的《遗著卷》(Nachlaßband)①,其中收录了谢林的《世界时代》1811年排印稿和1813年排印稿,以及另外一些相关的手稿片断。1985年,曼弗雷德·弗兰克(Manfred Frank)又编辑出版了一套六卷本《谢林选集》②,其选取的内容仍然是"经典版"的原版影印。这套《谢林选集》因为价格实惠,且基本上把谢林的最重要的著作都收录其中,所以广受欢迎。虽然自1976年起,德国巴伐利亚科学院启动四十卷本"历史-考据版"《谢林全集》③的编辑工作,但由于这项工作的进展非常缓慢(目前仅仅出版了谢林1801年之前的著作),而且其重心是放在版本考据等方面,所以对于严格意义上的哲学研究来说暂时没有很大的影响。总的说来,"经典版"《谢林全集》直到今天都仍然是谢林著作的最权威和最重要的版本,在谢林研究中占据不可取代的地位,因此我们把它作为中文版"谢林著作集"的底本,这是一个稳妥可靠的做法。

目前我国学界已经有许多"全集"翻译项目,相比这些项目,我们的中文版"谢林著作集"的主要宗旨不在于追求大而全,而是希望在基本覆盖谢林的各个时期的著述的基础上,挑选其

---

① F. W. J. Schelling, *Die Weltalter. Fragmente. In den Urfassungen von 1811 und 1813.* Hrsg. von Manfred Schröter, München: Biederstein Verlag und Leibniz Verlag, 1946.

② F. W. J. Schelling, *Ausgewählte Schriften in 6 Bänden,* Hrsg. von Manfred Frank, Frankfurt am Main: Suhrkamp, 1985.

③ F. W. J. Schelling, *Historisch-kritische Ausgabe*, Im Auftrag der Schelling-Kommission der Bayerischen Akademie der Wissenschaften herausgegeben von Jörg Jantzen, Thomas Buchheim, Jochem Hennigfeld, Wilhelm G. Jacobs und Siegbert Peetz, Stuttgart-Band Cannstatt: Frommann-Holzboog, 1976 ff.

中最重要的和最具有代表性的著作，陆续翻译出版，力争将其打造为一套较完备的精品集。从现有规划来看，中文版《谢林著作集》已经有二十二卷的规模，而如果这项工作进展顺利的话，我们还会在此基础上陆续推出更多的卷册（尤其是最近几十年来整理出版的晚年谢林的各种手稿）。也就是说，中文版《谢林著作集》将是一项长期开放性的工作，在这个过程中，我们也希望得到学界同仁的更多支持。

本丛书得到了教育部人文社会科学重点研究基地项目"《谢林著作集》的翻译和研究"（项目批准号15JJD720002）的资助，在此表示感谢。

先　刚

2016年1月于北京大学外国哲学研究所

译者序

本卷包含了谢林的两篇对话录和一篇为《哲学批判杂志》所写的"导论"①。三篇作品都意在从各个角度澄清谢林此时的"绝对同一性哲学"的立场,因此对于了解谢林在与费希特、莱茵霍尔德这些同时代有影响力的思想家或学者,乃至与近代早期的一些思想家(布鲁诺、莱布尼茨)之间进行思想"争执"的过程中如何确立自己的观点,间接而言对于了解谢林所奠定的德国唯心论②的落脚点与整体格局,无疑是十分重要的。另外,鉴于对话录的形式在谢林全部作品中极为罕见,我们从这种文体也可窥见谢林的一些不便在学术论著中挑明的意思,比如他在论绝

---

① 类似于发刊词,据德文版编者考证,这篇"导论"是他与黑格尔合写的。
② 虽然为保持整个《谢林著作集》在关键译名上的统一性,本书最终采取"唯心论"对译 Idealismus,但译者对这个译名依然是有保留的,这里略陈己见。"唯心论"和"观念论"两个译名都难以摆脱主观观念论的嫌疑:"唯心论"容易误导人们设想主观之"心","观念论"又容易让人们联想到主观之"观念"(Vorstellung),尤其是英国经验论意义上的观念(idea)。先刚教授鉴于德国 Idealismus 远超主观性 Idealismus,而"观念"的主观性意谓太浓,因而反对将其译作"观念论",主张在一种中性的意义上将这个词译成"唯心论/唯心主义",在一种积极的意义上将其译成"理念论"。这种主张从积极的意义上看是有道理的,但"唯心论"与"理念论"两个译名都会带来新的问题:(1)"唯心"之"心"在 Idealismus 中并无字面文字与之对应,Idealismus 也并不"唯"此心是从,而且"唯心"给人强烈的"封闭内心"的暗示。相比之下,如果不局限在英国(转下页)

对同一性体系的那篇对话录中就多次重申自己不屑于以学术论著的形式与莱茵霍尔德展开辩驳,但为了澄清公众的许多误解,又不得不有所言说,于是就有了这篇对话录。与此同时,谢林对于不同文体的把握能力于此也可见一斑。①

《布鲁诺》这篇对话录从内容上看,似乎只讨论了一些自然哲学的问题,但正如谢林的其他自然哲学著作一样,他"醉翁之意不在酒",并非仅仅是为了就自然而论自然,他在根本上是为了确立自己的立场,并由此立场出发阐述他的哲学体系。自然在他看来其实就是整体的一种表现(尽管整体不只有这一种表现,但这种表现却是比以往康德、费希特那种局限于意识内部看待绝对者的方式更根本的表现形式),而不仅仅是整体的一个部分,因此他谈论自然哲学其实就是在谈论哲学体系;谢林不是回避了康德、费希特所探讨的那些主题,另辟蹊径自说自话,他是通过自然哲学在与康德、费希特进行更根本的交锋,而且在他看来,唯有跨出自然哲学这一步,才能真正在哲学上探讨绝对者。这个特点在本篇对话录中表现得尤为明显,这就是说,谢林的用

(接上页)经验论的意义上来理解,"观念论"的主观意蕴似乎稍弱一些,因为人类普遍理性意义上的观念亦可指人类对客观事物之结构的普遍构想,并不局限于个人内心,而且"观念论"译名还有 Idealismus 中的词源要素(ideal、Idee)与其对应。(2)"理念论"这个译名固然突出了德国 Idealismus 的思辨真理观,但容易与柏拉图的理念论混同起来,而译者认为在中文学界充分理解这二者的区别之前,似乎不应在译名上将双方遽然等同起来。——当然,翻译本身就是一个有所得而又有所失的活动,其中难免见仁见智,加之语言本身也存在着一个生长与形塑的过程,笔者并不认为某一种译法必须居于垄断地位,而主张在一定时期内使多种译法并行不悖。

① 或许这从一个侧面印证了柏拉图对他的巨大影响。虽然对话录在思想史上是一种常见文体,在谢林的时代也并不罕见,但无论从谢林的从学经历来看,还是从柏拉图对谢林思想的深刻影响来看,我们有理由推测柏拉图对他的表达形式也产生了影响。

意其实不在于争论自然哲学的哪个具体问题,甚至不是为了仅仅开辟一个叫作"自然哲学"的"新领域",而是为了借自然哲学的一些主题,澄清绝对同一性哲学。这就是为什么我们在整篇对话录中只看到一部分篇幅在讨论宇宙、天体、太阳、地球、重力、光等问题,而不是通篇就事论事谈论自然问题的原因。

但要理解谢林的绝对同一性哲学,殊非易事。好在这篇对话录特意找来近代思想史上的几个参照点来参与对话,使我们能在与其他哲学的对比中把握这种哲学。整体而言,谢林对于思辨唯物论、唯理智论、唯心论和实在论这四种立场,以及多多少少代表了这些立场的思想家们,保持了一种相当宽容的态度,他并没有非此即彼的判教心态,也没有唯我独尊的俯视姿态;然而在涉及学问之大根大本的关键问题上,比如在何谓绝对同一性、是否应该超出意识来理解绝对同一性等问题上,他又是当仁不让的。他与这些思想家,尤其借"布鲁诺"之口,与代表了费希特立场的"琉善"进行了深入的交锋。

实际上谢林在这篇对话录中的主要论敌不是别人,正是这位始终坚持在意识界限内把握实在东西与观念东西的根本同一性的"琉善"(费希特)。抓住这个核心,整篇对话的结构就很清晰了:谢林先是通过众人之口,通过讨论真与美、艺术与哲学、诗人与哲学家的关系,为主体部分作铺垫,谢林甚至不在乎众人在这个前导部分的争论能否得出什么明确的结论;主体部分是借"布鲁诺"与"琉善"之口显明绝对同一性哲学与费希特唯心论的区别,它占据了对话录的大部分篇幅;随后"安瑟尔谟"与"亚历山大"加入对话,展示了四种哲学立场(思辨唯物论、唯理智论、唯心论、实在论)之后,由代表思辨唯物论立场的"亚历山大"将历史上那位布鲁诺最有心得的"物质"概念在思想史上的家谱娓娓道来,实际上这并非原样复述,因为这里已经蕴含了谢林本人对于历史上布鲁诺的物质学说的评判;最后"琉善"和"布鲁诺"重新带着同一性这个主题出现,补充讨论了一些相关的问题(包括该如何看待斯宾诺莎式实在论的问题),并展望了哲学的未来图景。

这里没有必要越俎代庖,详述对话录的内容,我们简单谈谈绝对同一性这个核心问题。这里的同一性当然不是指形式逻辑同一律的那种同一性,而是由康德肇端、由费希特在主体方面发扬光大,而后终于由谢林与黑格尔推展至自然与精神领域的事情本身的那种实在东西与观念东西、存在与知识、身体与灵魂、存在与本质、实体与形式之间的原初同一性,它不是我们外在地设想出来的某种泯灭差别的僵死统一,而是上通绝对者或理念、下达个体事物的具体定在的一个活生生的体系。正是在这一点上,谢林与以费希特为顶峰和典型代表的唯心论产生了至关重要的决裂。

对于如何理解本篇对话录中的绝对同一性学说,这里有两点要加以留意。首先,绝对同一性不是人在主观上构想出来的任何原初同一状态。无论人将它设想得多么根本,甚至像费希特那样赋予它事态(That)与行为(Thun)合一(只有通过事态方见行为,只有通过行为方见事态)的性格,那也终究是人构想出来的。那样的所谓同一性，其本身的存在以人的构想为前提，因而它终究是意识的产物，终究会将绝对同一性弄成观念性的东西，①无法摆脱主观唯心论的格局。谢林与费希特在这里的分歧在于，谢林固然也承认存在需要被意识把握才能被认识，但存在本身是先于知识的，因而我们不能从知识入手去了解存在，而是要反过来将存在作为知识的基本前提。其次，绝对同一性不是抽象地说说而已，它具体体现为每个事物身上都有的三个因素：有限者、无限者和永恒者。②谢林像新柏拉图主义一样，简单描述了作为最终根据的绝对者（或太一）与空间、时间、天体、太阳、地球等的关系之后，将目光放在事物的三一体结构上。上述三一体在具体事物的方方面面都有体现，比如身体—灵魂—灵魂概念、具体事物—形式—理念、直观—思维—理性，甚至概念—判断—推理，在某种程度上都是这种三一体的表现形式。四年之后，我们又看到谢林在《自然哲学箴言录》的箴言30中说，每一个事物内部都有如下三个要素不可分地统一在一起：1）创造性自然，2）作为无限者的实体，3）作为这一个个别事物的实体。③这无疑是同一个思想线索的后续发展。——当然，谢林并

---

① F. W. J. Schelling, *Bruno, oder über das göttliche und natürliche Prinzip der Dinge. Ein Gespräch*, in ders. *Sämtliche Werke*, Band IV, J. G. Cotta'scher Verlag, Stuttgart und Augsburg, 1859, S. 291.
② 不难发现，这个思想自此以后一直被谢林发展下去，它在谢林的"自由论文"、世界时代哲学、肯定哲学中以各种形式展开了，因而极其重要。这也反过来表明，同一性哲学与后来的谢林哲学是相通的，我们不可过分执着于对谢林思想进行"分期"，并为每一个时期寻找一种固定的特征，凭此描述他在不同时期的"思想转折"。
③ 谢林：《哲学与宗教》，先刚译，北京大学出版社，2017年，第268页。

非像黑格尔那样仅仅讨论事物如何向绝对者提升,正如上文所说,谢林思想除了有这否定性的一面外,还有肯定性的一面,他对这三一结构的描述是放在太一如何生成万物,万物又如何追求太一的大背景下进行的。

《论全部哲学批判的本质》是为谢林与黑格尔合编①的著名刊物《哲学批判杂志》进行定位的关键作品。自从康德的"三大批判"以来,"批判"这个在传统语境下平淡无奇的字眼在德国哲学中具有了近乎神圣的地位,谢林与黑格尔合编的这部刊物意在从事他们心目中真正的"批判",为此便需要澄清"批判"的真正含义和目的。正如康德所做的那样,批判在谢林和黑格尔这里从来都不仅仅是单纯否定性的摧毁,或者为了现世的某种未经检验的立场而一味贬低其他立场,而是以肯定为基础的否定活动,即以绝对者为根据,在绝对者指引下教导人们破迷悟真,以人类本有的理性去追求这一根据的活动:"如果说这里表明,哲学的理念真正浮现在眼前了,那么批判便能坚守表现出的要求和需求,坚守那需求在其中寻求满足的客观东西,并且驳斥从它自己的那种追求完备客观性的真诚趋势产生出来的形态的局限性。"②为此二人不仅驳斥了德国市民习气反映到学界后呈现

---

① 准确的说法是"合写",因为他们二人的工作并非一般意义上的"编辑"所做的纯技术性文字编辑工作,而是既编辑该刊物,更撰写了该刊物的全部内容,刊物并没有其他人"投稿"。——译者注

② F. W. J. Schelling, Ueber das Wesen der philosophischen Kritik überhaupt, und ihr Verhältniß zum gegenwärtigen Zustand der Philosophie insbesondere, in ders. Sämtliche Werke, Band V, J. G. Cotta'scher Verlag, Stuttgart und Augsburg, 1859, S. 7.

出来的痴迷四分五裂的个别概念的做法,①还上溯到启蒙固守知性的那种平庸性和反过来自命为超越了理性的那种狂妄性,②甚至不留情面地揭示了康德批判哲学本身的局限性③——这是他们必然要迈出的步伐,也是这份刊物要向学界澄清他们在德国古典哲学发展史上打开新局面必须迈出的步伐。他们批评康德由于固守经验的有限性东西而反过来将本应无限的绝对者也弄成了有限的东西:"这样一个有限的起点被误当作某种暂时的假设性东西,那么由于该起点表面显得没有任何进一步的要求,这种假相只会带来进一步的错觉;如果这起点很谦虚地作为一种假设性的东西,或者马上作为一种确定的东西出现,这两种情形都会导致同样的结果,即有限者如其所是的那般,保持在它的分离状态中,而绝对者则是某种理念、某种彼岸,亦即带有了某种有限性。"④

如前所述,《论绝对同一性体系及其与最新的(莱茵霍尔德)二元论的关系》是谢林利用对话录这种方便形式反击莱茵霍尔德的作品。谈到绝对同一性,谢林当然不会仅仅关注莱茵霍尔德这个在本篇对话录中多次被他斥之为愚蠢、混乱因而不屑一顾的对象,他的真正论敌仍然是站在莱茵霍尔德的某些观点(尽管莱茵霍尔德对这些观点本身的理解不一定到位)背后的费希

---

① F. W. J. Schelling, *Ueber das Wesen der philosophischen Kritik überhaupt, und ihr Verhältniß zum gegenwärtigen Zustand der Philosophie insbesondere*, in ders. *Sämtliche Werke*, S. 14.
② Ebd., S. 15.
③ Ebd., S. 10-11.
④ Ebd., S. 11-12.

特。谢林看到,康德已经注意到同一性的问题了,然而康德只是将它作为否定性的真理标准,①因而是不会推进到绝对同一性的;而费希特则开始将同一性当成肯定性本原。②但问题在于,费希特依然局限在自我意识之内看待这一本原,这就构成了谢林眼中的唯心论的局限。③而在同一思路下,这篇对话录中谢林表面上的论敌莱茵霍尔德,只不过是在费希特的观点转了几道手之后,拾巴尔迪里之牙慧,悄悄用绝对主体性置换了绝对同一性,④因而根本不理解真正的绝对同一性是什么。

除此之外,谢林在这篇对话录中对于绝对同一性与大全一体(Alleins)⑤的关系,对于它与主体、客体以及本质、形式的关系的论述,以及他对于实在论与斯宾诺莎主义的评价,也颇值得重视。⑥

在笔者翻译《布鲁诺》对话录之前,邓安庆教授的商务印书馆版译本已经面世,译者将其作为参考,获益颇多,在此谨表谢忱。

庄振华
2018 年 9 月于西安

---

① F. W. J. Schelling, *Ueber das absolute Identitäts-System und sein Verhältniß zu dem neuesten (Reinholdischen) Dualismus. Ein Gespräch zwischen dem Verfasser und einem Freund*, S. 52.
② Ebd.
③ Ebd., S. 41.
④ Ebd., S. 42.
⑤ 也写作 All-Eins。
⑥ F. W. J. Schelling, *Ueber das absolute Identitäts-System und sein Verhältniß zu dem neuesten (Reinholdischen) Dualismus. Ein Gespräch zwischen dem Verfasser und einem Freund*, S. 33, 39, 26.

目 录

布鲁诺(1802)……………………………………… 1

论全部哲学批判的本质(1802)…………………… 151

论绝对同一性体系及其与最新的(莱茵霍尔德)二元论
　的关系(1802)………………………………… 171

人名索引…………………………………………… 246

主要译名对照……………………………………… 248

谢林著作集

布鲁诺①

（1802）
（1842，再版，未改动）

F. W. J. Schelling, *Bruno, oder über das göttliche und natürliche Prinzip der Dinge. Ein Gespräch*, in ders. *Sämtliche Werke*, Band IV, S. 213-332, Stuttgart und Augsburg, 1859.

---

① 全名为《布鲁诺或关于事物的神圣本原与自然本原的一次对话》。——译者注

对话人物原型说明[1]

谢林在《布鲁诺》中(《全集》版第309—310页,见本书边码)分别将亚历山大、安瑟尔谟、琉善、布鲁诺的立场对应于思辨唯物论、唯理智论、唯心论和实在论,并使我们分别在前三种思想中隐约看到历史上的布鲁诺、莱布尼茨和费希特的影子,而最后一种思想(实在论)则部分地与谢林本人的思想相应,但并不能涵括谢林此时的哲学立场(这个时期谢林的立场是绝对同一性哲学,当然不能简单称为"实在论",因为他在本书中已经将唯心论和实在论作为两种片面的思想了)。以下分别简要介绍这四位思想家:

亚历山大(Alexander von Aphrodisias[2],生活于公元200年左右),古代逍遥派哲学家,古代最著名、最有影响的亚里士多德评注家,曾应罗马皇帝之召接掌亚里士多德留下的"教席"。他流传至今的评注包括对亚里士多德《论题篇》《前分析篇》《感觉与可感物》《天象论》和《形而上学》的评注。他远离同时代的折中主义风气,主张一种自然主义的亚里士多德主义,否认灵魂不

---

[1] 这个"说明"为译者所加,方便读者理解书中思想。
[2] 希腊文写作Ἀλέξανδρος ὁ Ἀφροδισιεύς,拉丁文写作 Titus Aurelius Alexander。

朽，主张对象与物才是原初存在的东西，而名号与概念只是由此衍生出来的一些抽象物。他在后来中世纪的唯名论与实在论之争中常被视作唯名论的拥护者。

安瑟尔谟（Anselm von Canterbury①，约 1033—1109），中世纪神学家、大主教和哲学家，死后被封为圣徒，常被视作经院主义之父，也是早期经院主义的代表人物。安瑟尔谟以其"我信仰，因而我理解"的看法奠定了经院主义在信仰与理性的关系问题上的基本立场，并以其存在论的上帝证明著称于世。其代表作有《专论信仰的理由》（或称《专论》或《信仰理由沉思的一个范例》）《宣讲集》《辩护和充实宣讲集所作的存在论上帝证明》《论真理》《论选择的自由》《论恶的起源》等。

琉善（Lucian von Samosata②，约 120—约 180 或 200 左右），古代著名的希腊语讽刺作家。其家乡位于今土耳其南部，在罗马时代属于叙利亚行省，因此琉善以"叙利亚人"自称。琉善的母语为希腊语，他也掌握了拉丁语，精通希腊文学与修辞学，曾为维持生计到法庭演讲，后来成为自由作家，晚年曾在埃及的亚历山大里亚任职，后死于此地（一说死于雅典）。他极其高产，有 70 部左右的作品。起初他撰写对话录，探讨日常生活，涉及社会、哲学与神学主题，表现出批判宗教的倾向。后来他还撰写了许多报道、专著乃至一些类似于科幻小说的作品。琉善虽然常

---

① 德文写作 Anselmo，拉丁文写作 Anselmus Cantuariensis，也依其出生地称作 Anselm von Aosta，或依其修道院称作 Anselm von Bec。
② 德文亦写作 Lukian von Samosata，希腊文写作 Λουκιανὸς ὁ Σαμοσατεύς，拉丁文写作 *Lucianus Samosatensis*。

常讽刺哲学家,反对一切哲学体系,在哲学上却深受犬儒主义者的影响;他虽然也取笑怀疑论哲学家,但在气质上却偏向于这种哲学。他的作品繁多,比较有代表性的包括《待售的哲学》《真实故事》《下行之旅或暴君》《公鸡之梦》《普罗米修斯》《论牺牲》等。

布鲁诺(Giordano Bruno,1548—1600),意大利教士、诗人、哲学家与天文学家。他被宗教裁判所判定为异端并处以火刑,后于2000年被教皇保罗二世恢复名誉。他的作品与思想长期被视作禁忌,实际上却对欧洲思想产生了深远影响。布鲁诺认为太空是无限的,宇宙在时间上永远延续,由此便与当时受亚里士多德等古代思想家影响而以天体层面(Sphären)划分宇宙的地心说形成对立。他的思想具有思辨唯物论的特征(后常被归入所谓"泛神论"之列),认为宇宙是一种物质母体,可以生出我们所见的各种形式,因此物质世界是自足的,我们无需给彼岸留出空间。其代表作有《论原因、本原与太一》《论无限者、宇宙与各种世界》《论作为一种极隐秘物理学、数学与形而上学之要素的一、数与形》《不可丈量者与不可计数者》等。

内容概览[①]

A）导论 ··· 217
  I）真理与美为一
    1）真理的理念 ······························ 218
      a）永恒认识和一般时间性认识的区别 ········· 219
      b）永恒认识的预设
        α）不完善的东西只源于时间性观察 ········ 221
        β）原型自然与创生性自然的区别 ·········· 223
    2）将前此所得的结论运用于美的理念 ············ 224
    结论：真理与美的最高统一 ···················· 226
  II）哲学与诗的类比关系
    1）美的产物的概念（"它的灵魂是个永恒的概念"）··· 228
    2）哲学家与诗人的区别 ······················ 231
    3）将这种区别运用于神秘学和神话 ············· 232
B）阐述哲学自身（不过"不仅阐述哲学自身，还阐述它必定被建筑于其上的根据和基础"）

[①] 此概览为德文版《全集》（即中文版"谢林著作集"说明中提到的"经典版"《谢林全集》，下同）编者所拟，非谢林本人制作，正文中并无相应的各级标题。各标题对应的页码为德文原书页码，即本书边码。——译者注

1) 绝对同一性的概念规定 ·················· 236
2) 将这种概念规定运用于观念东西与实在东西的
   对立上 ······························ 239
   a) 思维与直观的统一
   b) 这种统一=有限者与无限者的统一 ········ 242
3) 对实在东西与观念东西、有限者与无限者在最高概念中
   的结合的进一步规定
   a) 太一（最高）理念（一切理念的理念）的概念 ····· 243
   b) 事物的永恒存在=各种理念 ················ 246
   c) 绝对者中无时间的（无限的）有限性的概念 ······ 248
4) 最高的统一在多大程度上也是知识的本原 ······· 252
   a) 区分绝对的意识和有根据的（派生的）意识 ······ 253
   b) 知识中相对的统一要求存在中的另一种相对的统一，
      二者中没有任何一方是另一方的本原 ·········· 255
   c) 绝对唯心论的概念 ····················· 256
5) 有限者如何走出永恒者 ···················· 257
6) 可见的宇宙
   a) 可见宇宙的普遍架构
      α) 一般天体的演绎 ···················· 260
      β) 有形之物的各种维度 ················· 263
      γ) 无机体、有机体和有理性者三个层次 ······ 266
   b) 特殊东西的演绎
      α) 天体
         aa) 它们的运动 ···················· 267

bb) 各种星体的秩序、数量和大小 ……………… 273
  cc) 太阳 …………………………………………… 276
  β) 有机物 …………………………………………… 279
  γ) 意识的演绎（"从永恒者自身的理念出发"）…… 282
 7）认识的世界
  a) 在自我中直观与思维之间的关系………………… 291
   几何学的推导
  b) 各种逻辑形式的演绎 ……………………………… 293
   逻辑学是单纯的知性科学
  c) 最高的认识方式…………………………………… 301
   返回到绝对认识的概念和一般绝对者的理念 …… 303
   实在世界与观念世界的对立运用于自然本原和神圣本原的对立上 …………………………………… 305
C) 哲学的（四个）方向（唯物论与唯理智论、实在论与唯心论）与绝对（同一性）哲学的关系，以及对后者的主要理念的扼要重述 ……………………………………………………… 309

安瑟尔谟：啊，琉善，你愿意对我们重复一下昨天当我们谈   IV, 217
到神秘学的建立时，你对真理和美的主张吗？

琉善：我过去的看法是，在许多作品中都可能有最高真理，
它们却并不因此也可以被认为有美的价值了。

安瑟尔谟：但是你，亚历山大，却反而宣告，单是真理就满足
了艺术的一切要求，而且唯独因为真理，一件作品才真正成为
美的。

亚历山大：我是这样主张的。

安瑟尔谟：你们是否乐见，我们再将这场讨论进行下去，现
在就对因时间而中断的那场悬而未决的争论做一决断？因为我
们还是幸运的，虽然没有公开约定什么，却能在这里再悄然达成
一致。

琉善：对话的每一股波浪，若能将我们卷入讨论的激流之
中，都是受欢迎的。

亚历山大：共同讨论的竞赛越来越深地进入事情的核心，事
情一开始时和风细雨，从容不迫地进展，最终在深处得以强化，
对话者心驰神往，全都充满了欢喜。

安瑟尔谟：难道当时这场争论不是由于我们要就神秘学与
神话，并就哲学家与诗人的关系确定些什么而引起的吗？

琉善：是这样。

安瑟尔谟：当我们引入这场争论，讨论同时也回到它的源   IV, 218
头，然后我们凭此便可在已经打好的稳固基础上，不受干扰，徐
图精进，你们认为这不好吗？

亚历山大：很好。

安瑟尔谟：那么你，琉善，你认为一件作品即使不美，也可能成全最高的真理，那么你以为的真理，我们哲学家或许不会随声附和，承认它配得上这个名字的。然而你，亚历山大，你认为一件作品只有因其为真，才是美的；你是怀疑存在着那样一个点的，在那个点上，双方同样都是无条件的，也没有哪一方依赖或从属于另一方，每一方都自顾自地成为最高者，双方直截了当地成为一体，互为替代，而表现了那个点的那件作品，就可以以完全相同的方式在这两种特质之下被考察。那么难道你们不认为我们有必要首先在什么可以称为真理，以及什么可以称为美的问题上达成一致，这样一来我们就不会或者认为某种只能在从属的意义上被看待的东西与美相类同，或者由于我们认为这种并非在其自身存在着的真理与美是不可同日而语的，从而也就看不到那唯一真正的真理了。

琉善：这是一个值得商讨的题材和对象。

安瑟尔谟：你居然感到满意，啊，卓越的人，你承认了真理比美更有价值，你并不在乎少数人是板着面孔还是投以同情的目光，那么我也转向你这边。

亚历山大：啊，朋友，我非常乐意追随你，就真理的理念达成一致。

安瑟尔谟：可见真理高于一切，甚至也高于美，啊，朋友，你就别再犹豫了，把那些最高的特质也加给它吧，也别像通常那样把这个尊贵的名号用到人们一股脑地塞到其下的所有那些东西之上了。

亚历山大：的确如此。

安瑟尔谟：因而你不会认为那种只带有当前的或总的来说短暂的确定性的认识，有什么真理的特质。 IV, 219

亚历山大：我绝不会那样。

安瑟尔谟：出于这个理由，你永远不会把真理归于那样一种认识，它只通过身体的直接感受来传达，也直接只与这感受相关联。

亚历山大：不可能，因为我知道，感受，连同感受所感的对象，是服从于各种时间条件的。

安瑟尔谟：出于同样的理由，你也绝不会承认任何混乱不清、名不副实的认识是真理。

亚历山大：都不会，因为这些认识都只是感性意义上的和通过感受传达的。

安瑟尔谟：但进一步说，你会以真理这个崇高的名号来刻画那样的东西吗，它一般而言虽然有着持久的确定性，但那却只是从属性的确定性，因为它只对人的或别的某种并非最高的考察方式才有效？

亚历山大：即使有这样的确定性，我也不会用真理来刻画这种东西的。

安瑟尔谟：你是怀疑是否有这样的确定性了。那么让我们来看看，你拿来与我们所谓暂时的确定性相对立的东西，或者你在其中设定了永恒的确定性的东西是什么。

亚历山大：必然是在那样的真理之中才设定的，它不仅对个别事物有效，而且对所有事物有效，不仅在某个特定的时间有效，而且对所有的时间都有效。

安瑟尔谟：你真的会在那虽然对所有的时间都有效，然而一般而言与时间相关联才有效的东西中设定永恒的确定性吗？那种一般而言对时间以及时间中的事物有效的真理，仅仅与本身并非永恒的，因而并非直截了当地和在其自身被考察的东西相关联，才是永恒的，这难道不是显而易见的吗？但不可思议的是，一般仅仅适用于有限者的东西，尽管它普遍适用于有限者，居然还有比有限者本身更高的价值；同样不可思议的是，我们还由于它的成败都取决于有限者，而承认它有多于相对真理的真理。因为哪个人会否认，每一个结果都有其原因作为先导，而且对这一点的确信不用到对象身上去检验，它直接通过单纯将有限的认识关联到认识的概念之上，就是毋庸置疑的？但同一个命题如果放在与自在地有限者的关联之外来看，就没有任何意义，将任何真理归于它也是不可能的。因为你不是与我一致认为，仅仅相对于某种从属的考查方式而言具有确定性的东西，是不能在真正的意义上被当作真的吗？

亚历山大：当然。

安瑟尔谟：然而此外你也不能否认，对有限者和时间性东西的认识，作为如此这般的认识，本身只能在有限的认识中，但不能在绝对的认识中发生。然而你会对那样一种真理感到满意吗，它仅仅对于认识有限者而言，而非直截了当地，也仅就上帝与最高认识而言才是真理,或者说,难道我们一切的努力不是为了这样来认识事物吗,即如其也在那原型理智(urbildlichen Verstande)中预先成型的那般来认识,而我们在我们的理智中只是瞥见了原型理智的摹本(Abbilder)?

亚历山大:这是很难否认的。

安瑟尔谟:但这种最高的认识,你能一般地在各种时间条件下来思考它吗?

亚历山大:不可能。

安瑟尔谟:抑或把它也只是当作受那样一些概念规定的,它们虽然在其自身是普遍的和无限的,然而只与时间和有限者相关联?

亚历山大:虽然不能当作受到这些概念规定的,却很可以当作规定了这些概念的。

安瑟尔谟:这对我们这里的问题是无所谓的;因为在有限的认识中,看来我们不是在规定那些概念,而是受它们规定的,而如果说在规定它们,那明显是通过某种更高的认识来规定的。因此我们在任何情况下都必须将下面这个命题当作确定无疑地加以接受,即那种一般而言与时间或与事物的时间性定在相关联的认识,即便它本身并非以时间的方式形成,而是对于无限的时间以及时间中的万物都有效,还是得不到任何绝对真理,因为它预设了一种更高的认识,那种认识独立于一切时间,而且在与时间没有任何关联的情况下,本身就是在其自身存在的,因而直截了当是永恒的。

亚历山大:依据最初的那些预设,这个结果是不可避免的。

安瑟尔谟:因而只有当我们以我们的思想达到了事物的非时间性定在和它们的永恒概念之后,才会立于真理本身的顶峰之上,并凭着真理既认识又表现各种事物。

亚历山大:我无法否认这一点,尽管你还没有指出,我们如何能达到这种状态。

安瑟尔谟:这个问题我们在这里也不能探讨,因为我们只关心真理的理念,至于我们为此如何更深入地提出真理的理念,或者如何从它的高度降下来,使得大部分人都认为它更容易达到,这些问题我们认为是无关紧要的。——但我们按这种方式推展我们的研究,你是否满意?

亚历山大:当然。

安瑟尔谟:那就让我们进一步考察永恒认识和时间性认识的区别。那么你认为更可能的,是我们称为错误、颠倒、不完善等等的东西,全都真的在其自身如此,还是毋宁仅仅就我们的考察方式而言如此?

亚历山大:我无法设想,比如说,人的任何一件作品的不完善性并非真的是就这件作品而言发生的,也无法设想,我们必定会当作错误的东西,也并非真的是错了。

IV, 222　　**安瑟尔谟**:啊,朋友,你可不要错失了这个问题的意义。我所说的并不是一件作品与整体相分离后个别地来看是什么。因而那个人不创作一件完善的作品,而创作出某种完全颠倒的东西,而这个人除了一些真命题之外不说任何别的命题是假命题,这种现象真正看来既不是颠倒,也不是错误。毋宁说如果那个人生来就只能创作某种完善的东西,同时又说任何别的东西都是荒谬和愚蠢的,这才应当称作一种错误和对自然的一种真正的颠倒,这两种做法都是不可能的。因为任何人所能创作的东西,无非一部分必然出自他特有的本性,一部分必然出自外部对他的各种作用,那么每一个人,有的是通过他的错误,有的是通过他的作品的不完善性,都表达了最高真理,也表达了整体的最高完善性,而且恰恰通过他的例子证实了,自然中不可能有任何谎言。

亚历山大:你似乎被绊在你的讨论中了。因为错误被一个人视作真理,不完善性被另一个人当成完善性,这种现象当然产生于他们的本性的公认的颠倒,——

安瑟尔谟:那颠倒再在其自身来看,就不是任何颠倒了。因为,比如说,前者是某一位父亲生的,后者则由某一些外部的作用来规定,那么他们如今的性状在事物的规则和普遍秩序中来看就完全是必然的。

亚历山大:依据这种观点,你必定只须提防那种允许不完善性有一个开端的苗头。

安瑟尔谟:当然,设想时间性东西有某种开端,这一般来说是不可能的。一切不完善性都始于那种以因果规律本身为本原的观点;而更高的观点就不以因果规律为本原了,那种观点由于不允许以有限者为开端,也便从完善者那里的永恒性出发设定不完善者,亦即甚至将不完善者设定为完善性。——但在你看

IV, 223 来，难道不是我们此前更多地限于人的作品之上的东西，也必须被扩展到自然的作品以及一般性地被扩展到万物之上吗？这就是说，在其自身来看，难道不是没有任何东西有缺陷、不完善和不和谐吗？

亚历山大：似乎是这样。

安瑟尔谟：反过来看，说它们是不完善的，那只是就单纯时间性的考察方式才说得通，抑或不是这样？

亚历山大：这也对。

安瑟尔谟：现在让我们更进一步，你告诉我，是否不能假定下面这一点，即创生的自然在它所有的创生物那里，无论就整体还是就个别东西而言，都被预先指定了某种典范（Typus），自然依照这典范既形成了各个种类，也形成了各种个体。

亚历山大：这是很明显的，因为我们不仅看到动物和植物的不同的种类或近或远地恰好表现了这种根本形式，还在同一个种类下的各种个体中正好看到了同一种规划（Anlage）的重复。

安瑟尔谟：现在如果就自然构成了一切事物都在其中预先定型的那面活生生的镜子而言，我们称其为原型（urbildliche）自然，就自然将那些范型（Vorbilder）刻印到实体中而言，我们称其为创生性（hervorbringende）自然，那么你告诉我，我们是否必须设想原型自然或创生性自然服从于时间的和机械论的规律？

亚历山大：我觉得不必那样设想原型自然，因为每一个受造物（Geschöpf）的原型都必须被看作自身永远相同的和不变的，甚至必须被看作永恒的，因此绝不服从于时间，而且既不被看作形成的(entstanden)，也不被看作易逝的(vergänglich)。

安瑟尔谟： 那么在创生性自然中就有那样一些事物，它们并非自愿地，而是被迫服从那虚空的东西。但事物的那些永恒的原型仿佛上帝的嫡子，因此即便《圣经》中也说，受造物(Creatur)渴慕神子的庄严，那庄严便是永恒原型的卓越。因为在原型自然或在上帝中，万物由于不受各种时间条件束缚，也必然比在其自身时庄严与卓越得多。比如那被造的地球就不是真正的地球，而是非被造的而且既不是产生的也不会消逝的地球的摹本。但在地球的理念中，一切包含于地球之中的或在地球上进入定在的事物也便得到了把握。因而在地球上也没有任何人、任何动物、任何植物、任何石头，其肖像在大自然活生生的技艺和智慧中不是远比在被创造的世界中的僵死印迹中更庄严的。因为现在看来，事物的这种预先定型的生命既不曾开始，也不会终止，相反被仿制的生命则受制于时间的规律，不能自由而纯粹地依照它自身的本性活动，而是在各种条件的强制下产生，然后又消逝；这样一来，我们就必须承认，正如某种事物在其永恒的定在中极少有什么不完善和有缺陷的地方，任何一种完善性如果以时间的方式运行，也极少能如其本然地产生，我们还必须承认，依照时间的方式来看，万物必定是不完善的和有缺陷的。

IV, 224

亚历山大： 我们将不得不维护这一切。

安瑟尔谟： 现在告诉我，你是否认为美是某种完善性，美的缺乏是某种不完善性？

亚历山大： 当然，而且我认为，美不过是有机的完善性的

（der organischen Vollkommenheit）外在表现,它是一个事物所能具有的最无条件的完善性,因为一个事物的任何别的完善性都是依据它合乎它之外的某种目的的程度而被估量的,而美则仅仅在其自身被看待,而且完全不必与它之外的某种局面发生任何关联便能成为其所是。

安瑟尔谟：这样看来,你毋宁还会向我承认,美因为在所有的完善性中是最要求独立于各种条件的,便不是以任何时间性的方式产生的,反过来说,没有任何以时间性的方式运行的东西能被称作美的。

亚历山大：依照这种观点,我们就会陷入某种巨大的错误之中,因为我们习惯于将自然中的一些事物或艺术称为美的。

安瑟尔谟：我并不否认美的全部定在,而是否认美的时间性定在。此外,我要向你答复的可能就是柏拉图笔下[①]苏格拉底的那同一个问题,即那个并非最近参加秘仪的人,如果他瞥见从在其自身且为其自身的美那里借来了同样名称的那种感性之美,他是不会轻易就被感性之美推动去想象前一种美的;但谁如果最近参加过秘仪,现在又瞥见某种神的面容,那面容是对美,或者毋宁说对非物体性的原型的模仿,他就惊呆了,起初还感到惊恐,因为一种与从前的感觉相似的恐惧席卷了他,但那之后他就把这恐惧作为一种神性来敬拜了。这些见到了在其自身且为其自身的美的人,也习惯于不受由于某些原因的强制作用而被强加于抵制性的自然之上的那些缺陷的干扰,在不完善的摹本中

[①]《斐德罗篇》,第251页。

见出原型,但他们却喜爱能让他们回想起从前在那种直观中得到的极乐的一切。在每一个生动的形态上抵抗美的原型的东西,是要从自然本原去把握的,但符合原型的东西绝不能从自然本原去把握,因为符合原型的东西依其本性来看要更早;但这背后的根据却在于观念性的自然本身,以及我们必须在创生性自然和原型自然之间设定的那种统一;那种统一从下面这一点来看也是很明显的,即美在自然进程许可的一切地方都显现出来,但它本身却绝非产生出来的,而且在它表面上显得是产生出来(但仅仅表面显得如此)的所有地方,它也只是因为它存在,才能产生。那么当你称一件作品或一个事物为美的时,只有这件作品是产生的,而美本身却并非是产生的;美依其本性来看,当其在时间中时也是永恒的。因而如果我们复核一下我们的结论,就会发现,不仅永恒概念要比事物本身更卓越也更美,而且毋宁说,它们单凭自身就是美的,甚至一个事物的永恒概念也必然是美的。

亚历山大:针对这个推理路线,不会有任何异议。因为如果美是某种非时间性的东西,那么每一个事物必定只有通过它的永恒概念才是美的;如果美永远不可能是产生出来的,那么它必定是最初的、肯定的东西,必定是事物本身的实体;如果美的对立面不过就是否定和限制,那么这否定和限制必定不可能侵入到那个见不到任何实在性的领域,因而一切事物的永恒概念单凭其自身且必然就是美的。

安瑟尔谟:但我们先前不是早就一致认为,恰恰事物的这些永恒概念也单凭其自身且绝对地为真,其他一些都是虚幻的或相对地为真,而且认识那些具有绝对真理的事物就意味着在它们的永恒概念中认识它们吗?

亚历山大:我们自然是达成了一致。

安瑟尔谟:那么难道我们不是已经揭示了真理与美的最高的一致吗?

亚历山大:既然你已经将我卷入这个推理路线中,我是不能再反驳了。

安瑟尔谟:那么当你判定一件艺术作品只有因其真理才是美的时,你完全是有道理的,因为我不相信你会把真理理解成比事物的理智原型更差或更少的任何东西。但除此之外我们还有某种从属性的和欺骗性的真理,它从前者那里借来真理之名,而照事情本身来看却又不同于前者,而且部分地存在于某种含混不清的认识中,却总是存在于某种单纯时间性的认识中。这种真理与那在形态方面并不完善且具有时间性的东西——那种东西是由外部强加给它的,而不是从它的概念中活泼泼地自行发展出来的——合得来;只有那种从未瞥见不朽的与神圣的美的人才会把这种真理弄成美的规则与规范。通过模仿这种真理,产生了那样一些作品,在它们那里我们只对技艺赞不绝口,它们凭借技艺而达到自然的东西,却并不能将自然的东西与神圣的东西结合起来。然而关于这种真理,却绝不能像琉善那样说它是附属于美的,而毋宁要说,它与美没有任何共同点。然而那唯一的高等真理对于美却并非偶然的,美对于那高等真理也不是

IV, 227

偶然的,而且正如真理如果不是美也便不成其为真理,反过来说美如果不是真理也便不成其为美,对此我认为我们在周围的作品里能找到一些明显的例证。因为难道我们不是看见大部分人都在两个极端之间摇摆,不是看到一个人想传达出单纯的真理,而不是投身于粗糙自然性的真理中,而当他只盯着那单纯的真理时,反而宁可错过无需通过任何经验便能被给予的东西,不是看到另一个人在完全缺乏真理时,仅仅传达出无知者当作美来赞叹的一种空洞而又虚弱的形式假相吗?

啊,朋友们,只有当我们证明了美与真理的最高统一之后,我才认为也证明了哲学与诗的统一;因为哲学除了正好追求与美是一回事的那种永恒的真理,诗除了追求与真理是一回事的那种并非诞生的也不朽坏的美之外,还会追求什么呢?啊,亲爱的,我们进一步研讨这种关系,以便这样返回到我们的开端,你可乐意?

亚历山大:我当然愿意这样做。

安瑟尔谟:这样万物最高的美和真理就在同一个理念中被直观到了。

亚历山大:这样我们是讲清楚了。

安瑟尔谟:但这个理念是永恒者的理念。

IV, 228

亚历山大:不是别的。

安瑟尔谟:现在看来,正如在那个理念中真理和美合而为一,在那些与该理念类同的作品中,它们也必然合而为一。

亚历山大:必然的。

安瑟尔谟：但你认为什么是这些作品的创生者呢？

亚历山大：这很难说。

安瑟尔谟：每一件作品都必然是有限的吗？

亚历山大：那是自然。

安瑟尔谟：但我们说过，有限者只有通过被关联于无限者之上，才是完善的。

亚历山大：对。

安瑟尔谟：你认为有限者如何才能被关联于无限者之上呢？

亚历山大：很明显只能通过那样一种东西，就它而言有限者从前就与无限者是同一个东西。

安瑟尔谟：因而只有通过永恒者自身。

亚历山大：这很清楚。

安瑟尔谟：照此看来，即便一件表现了最高的美的作品，也只能被永恒者创生？

亚历山大：似乎是如此。

安瑟尔谟：然而是通过被直截了当地看待的永恒者，还是通过就其直接与那位创生性个体相关联而言的永恒者？

亚历山大：通过后者。

安瑟尔谟：然而你凭什么认为前者是与后者相关联的？

亚历山大：我还不能马上看清这一点。

安瑟尔谟：我们不是说过万物在上帝中只能通过它们的永恒概念才存在吗？

亚历山大：当然。

安瑟尔谟：照此看来，永恒者是通过万物的永恒概念而与万物相关联的，因而是通过个体的永恒概念而与那创生性个体相关联的；个体的永恒概念在上帝中，并与灵魂合而为一，正如灵魂与身体合而为一一样。

亚历山大：因而我们会将个体的这种永恒概念看作一件作品的创生者，最高的美便在那里得到呈现。

安瑟尔谟：无可争辩。但被呈现于作品之中的这种美，是否本身又是永恒者？

亚历山大：毫无疑问。

安瑟尔谟：但这永恒者是被直截了当地看到的那种吗？

亚历山大：似乎不是，因为就它是某个个体的永恒概念并直接与这个体相关联而言，它只是由永恒者创生的。

安瑟尔谟：因而在被创生者中，永恒者也不是在其自身被呈现的，而是就其与个别事物相关联，或者就其是这些事物的概念而言的。

亚历山大：必然如此。

安瑟尔谟：但究竟是就哪些事物而言的呢？是就那些与个体的永恒概念结合在一起的事物，还是就那些不与个体的永恒概念结合在一起的事物（而言的）？

亚历山大：必然是就那些与个体的永恒概念结合在一起的事物而言的。

安瑟尔谟：难道不是其他所有事物的概念在上帝中与这种概念结合得越密切，这种概念就必然有着越发庄严的完善性吗？

亚历山大：无可争辩。

安瑟尔谟：因此难道我们没有看到，那种概念越完善，仿佛越有机，创生者也便越能灵巧地将万物如其本然地呈现出来，甚至完全去除创造者的个体性，反之那概念越不完善，越具有个别性，这创生者便越不能灵巧地在如此变换多样的诸多形式中昭示出不同于其本身的某种别的东西吗？

亚历山大：这一切都够清楚的了。

IV, 230　**安瑟尔谟**：但由此不是也明显揭示出，创生者并没有呈现出在其自身且为其自身的美本身，而是只呈现出在各种事物那里的美，因而总是只呈现出具体的美吗？

亚历山大：显然如此。

安瑟尔谟：难道创生者在这里不是也很像它所源出者吗？因为那概念，亦即上帝，也在可感世界的任何地方，将美如在其自身一般揭示出来了，难道它不是毋宁通过下面这种方式，赋予万物那在它之中的理念以某种特有的和独立的生命吗，即它允许这些理念作为个别身体的灵魂而实存？的确，难道不是恰恰因此，以个体的永恒概念为其创生者的每一件作品也就具有了某种双重的生命，即在其自身中有某种独立的生命，在创生者那里又有另一种生命吗？

亚历山大：必然如此。

安瑟尔谟：因而在其自身内没有生命，也不能独立于创生者自顾自地延续下去的一件作品，我们也根本不会将它视为以某种永恒概念为其灵魂的作品。

亚历山大：那不可能。

安瑟尔谟：但我们不是进一步确定了，每一个事物在其永恒概念中就已经是美的了吗？因而正如我们已经假定的那样，一件作品的创生者与被创生者本身为一，二者同样是美的。因而美的东西创生美的东西，神圣者创生神圣者。

亚历山大：这话很有启发性。

安瑟尔谟：现在看来，因为美的东西和神圣者在创生性的个体中直接就仅仅与这个体相关联，那么是否可以设想下面这种情形，即就此而言在这个体之中美的东西和神圣者的理念同时在其自身且为其自身而存在；抑或这理念并非必然处在另一个东西中，而是处在同一个东西中，但不是作为那个体的直接概念，而是直截了当地被看待的？

亚历山大：必然是后者。

安瑟尔谟：因此难道不可以进一步理解，那些在创生美的作品方面极为灵巧的人，至少经常能拥有那在其自身且为其自身的美和真理的理念，而且那正是因为他们被这理念拥有了？

IV, 231

亚历山大：那是自然。

安瑟尔谟：现在看来，只要创生者不了解神圣者，这样他就必然更像个凡俗之人，而不像个深通奥秘者。虽然他并不了解神圣者，却还是出于本性而践行神圣者，并在不自觉的情况下向那些理解神圣者的人启示出一切秘密中的最隐秘者，启示出神圣的东西和自然的东西的统一，以及那没有任何对立存在于其中的最神圣自然的内核；因此在最崇高的古代，诗人们便已经被尊奉为诸神的阐释者和受诸神驱动与鼓舞的人了。但你觉得，我们不是很有道理地把展示出只在事物身上，而不在其自身的各种理念的认识称作显白的，反之把展示出在其自身且为其自身的各种事物的原型的认识称作隐微的吗？

亚历山大：极有道理，我觉得。

安瑟尔谟：但创生者永远不会呈现出在其自身且为其自身的美本身，只是呈现出美的事物。

亚历山大：我们是这样说过。

安瑟尔谟：他的技艺也不是在美的理念本身上，而只是在创生尽可能与那理念类似的事物的能力上，被人赏识的。

亚历山大：无可争辩。

安瑟尔谟：因而他的技艺就必然是显白的。

亚历山大：这是不言而喻的。

安瑟尔谟：但哲学家力求了解的并非个别真的和美的东西，而是在其自身且为其自身的真理和美。

亚历山大：是这样的。

安瑟尔谟：那么他是在内心里践行着创生者在外部践行却并不自知的礼拜。

亚历山大：显而易见。

IV, 232　**安瑟尔谟**：从事哲学运思的人把握到的本原，并不是就其直接与个体相关联而言的永恒概念，而是直截了当地和在其自身被观察到的永恒概念。

亚历山大：我们必须这样来推理。

安瑟尔谟：而哲学依其本性而言必然是隐微的，而且不必被人弄得神神秘秘的，毋宁说它凭其自身便是隐微的。

亚历山大：这很清楚。

安瑟尔谟：但我们难道不是恰恰要将下面这一点看作神秘学概念的本质吗，即与其说它是通过在外部举行的一些活动，倒不如说是通过其自身而成为神秘学的？

亚历山大：在这点上似乎古人也已经给了我们做出了榜样。

安瑟尔谟：这完全是确定的，因为虽说整个希腊人都能接触秘仪，而且那时参与秘仪就被认为是一种普遍的喜乐，因此索福克勒斯就让他笔下的一个人物说着下面这番话入场：

> 啊，终有一死的人，
> 尽情喜乐吧，这庆典眼看着就会
> 变成阴曹地府！因为只有一部分人
> 还在活命，余者全都遭逢不幸，

而阿里斯托芬也在《蛙》一剧中借那由极乐的亡人组成的歌队之口道出：

> 那么这里伴随着我们的唯有太阳
> 和那快乐的光芒，那么多的人
> 都曾参加过庆典，
> 依照神圣习俗的权利
> 与异乡人和同城人一道

>生活到永远,[1]

然而神秘学却并没有停止其为秘密,也并没有不再如其所是地那般得到尊崇与严格遵守,由此我们必须得出这样的结论:在神秘学的本性中就有那样的某种东西,它虽说被大量的人群得知,却不能被亵渎。

IV, 233　但一切神秘学的目的,无非就是从人们寻常只习惯于看到其摹本的所有东西中,给人们指出一些原型来;昨天在现场的玻利虚尼奥,最后提出了许多理由对此进行争辩。后来在返回城里的路上,由于我们就神秘学的内容进行探讨,他说我们白费功夫,努力要虚构出比古代神秘学上被教导和被设想出来的更神圣的一些学说,或者比那里更重要的一些象征和符号。而就前者而言,他说,人们在神秘学中首先学到的是,在那些不断被改变和不断改变自身形态的东西之外,还有某种不变的东西,某种单一形态的和不可分的东西,而且与神圣者和不朽者最为相似的是灵魂,然而与多形态的、可分的和总在变化的东西最相似的则是身体。个别事物现在仿佛是通过它们身上可区分的和特别的东西,与那在其自身且为其自身保持类同的东西(dem an und für sich selbst Gleichen)分离开的,尽管从它们得以保持类同的和得以成为个体的方面看来,它们在时间性中具有一个摹本,仿佛还具有那绝对不可分的东西的烙印。由于我们现在留意到具

---

[1] 这里的诗句主要用来表现谢林关于庆典与喜乐的关系的思想,而不是为了文学上的抒发(本书中另一篇对话录对莎士比亚的引用大抵属于此列),为了保持谢林术语的字面关联,我们在翻译时仅仅依照谢林给出的德译文的字面意思,而没有兼顾其文学性与可读性。——译者注

体事物与那在其自身保持类同的东西之间的相似性,并且发现它们虽然努力与那处在统一状态的绝对不可分者相类似,却没有完全达到这种相似性,那么我们就必定在某种非时间性的意义上,仿佛在生前就已经认识到了那在其自身且为其自身保持类同者、绝对不可分者;具体事物是通过灵魂的某种先于当前状态的状态表现这保持类同者和绝对不可分者的,在那种状态下,据说具体事物是分有了对事物的各种理念与原型的直接直观的,而且它们是通过与身体相结合和通过过渡到时间性定在中去,才脱离这种状态的。因此他说神秘学在那时就被想象成某种机制,即通过净化灵魂,使灵魂重新回忆起此前一度直观到的那些自在地真、美与善的东西的理念,而将那些参加的人带入至高的极乐之境。他说由于现在看来,崇高的哲学便在于对永恒者和不变者的认识,那么神秘学无非就是最崇高、最神圣又最卓越的哲学,是从最崇高的古代流传下来的哲学,这样一来神秘学与神话的关系,就像我们认为的哲学与诗之间的那种关系;因此我们也有充分的理由得出结论说,神话虽然应当被委诸诗人,神秘学的建立却应当被委诸哲学家。只有当我们回溯这场谈话到了这一点上之后,你们才可进一步判断,你们是否愿意以及愿意以何种方式从这一点出发,进一步推展我们的谈话。

IV, 234

琉善:你们若是能心平气和地站在一起,一条极其美好的对话之路就在眼前了。

亚历山大:我也觉得是这样。

安瑟尔谟:那就听听我的建议。我觉得我们还是进一步谈谈神秘学的建立和神话的性状吧，而且在我看来最得体的是，让此前一直作为我们对话的宾客在场的人，布鲁诺，谈谈他认为哪一种哲学必定是在神秘学中被教导了的，而且含有了极乐而神圣的生活的那种动力，那种动力是圣洁的学说有理由要求的；但当时玻利虚尼奥把布鲁诺的话头接过去了，转而描述能够表现这样一种哲学的一些形象和行动去了；如今我们中的某一个或我们全体终于可以完成关于神话与诗的谈话了。

布鲁诺：要是我如此频繁又如此之多地受你们引导，而不能反过来很好地对你们分享我的想法，那我就显得忘恩负义了。

既然我不想拒绝义务的命令，那我还是先不要求助于尘世秘仪的那些掌管者，而是求助于永恒秘密的那些首领，他们通过星体的光芒、天体的循环、地上一代代后裔的死而复生这些现象而受颂扬；而且我首先恳求他们让我达到对那无损的、简单的、健康的和极乐的东西的直观，然后恳求他们让我脱离诸恶；而诸恶是最多数人平等无别地在生命和在艺术中、在行动和在思维中多多少少遭受到的东西，因为他们极力避开残酷无情的命运，这命运决定了世界不仅仅由生命，也由死亡构成，它也不仅仅由身体，也由灵魂构成，决定了宇宙服从于和人完全相同的天命，它由不朽的东西和有朽的东西混合而成，而且既非单纯由有限的东西，亦非单纯由无限的东西混合而成的。

IV, 235

然后我要请求你们原谅我，因为与其说我要告诉你们，我认为哪一种哲学是神秘学中所教示的最好的东西，毋宁是要告诉你们，我从这些神秘学得知，它是真正的哲学，而且它不是表现其自身，而是表现了哲学必须被建立于其上的那个根据和基础。然后我还要请求你们允许我，不要自顾自地一直说，而是如你们往常习惯的那样或问或答，以便适当地展开我心中的思想，尤其还要允许我，首先从你们中选出一个人，让他在被我提问之后回答，或者在向我提问时听到回答。你们，包括这个人，要是真的同意这样做，那么我就请求我们的琉善，首先以他乐意的方式与我一同来探讨。安瑟尔谟，除了你将我们引向的那些东西之外，为了给我们的对话打好基础，我或者我们还应当发现别的什么更卓越的东西吗，我们全体都能在那东西上更加团结一致，在那东西的理念中，所有对立面与其说被结合起来，毋宁说都合而为一，与其说被消除，毋宁说完全没有分离？

因而首先我要称颂那先于一切的东西是第一位的东西（Erstes），那是因为如果撇开它不看，就只有两种情形是可能的：或者将那与对立相抗衡的统一设定为第一位的东西，但那样的话它本身就与某种对立一同被设定了；或者将各对立面设定成第一位的东西，但那样的话这些对立面就是在没有统一的情况下被设想的，那是不可能的，因为对立起来的一切东西，唯有通过在同一个东西中被设定，才真正地和实实在在地成为对立起来的东西。

琉善：啊，最优秀的人（因为我接受你的请求，而且早就想到了你），你要当心，别一开始就陷入重重矛盾之中了。由于没有对立的统一，如同没有统一的对立一样是不可想象的，那么对立必然要与统一对立起来，所以设定统一而又不将它与某种对立

IV, 236

一道设定下来，这必定也是不可能的。

布鲁诺：啊，卓越的人，看起来你是忽略了一点：由于我们使一切对立的统一成为第一位的东西，但统一本身却与你们所谓的对立本身又构成了最高的对立，为了使那种统一成为最高的东西，我们认为即便后面这种对立，也要和那与之对立的统一一道在这最高的东西中才能得到概念性把握，而且将那种统一规定为那样的东西，在它当中统一和对立、自相类同者和不类同者合而为一了。①

琉善：当你设定了一种统一，那种统一重又将统一和对立本身结合起来时，虽说你看似十分成功地脱险了，但你如何能鉴于后一种统一而承认对立面，同时却不鉴于前一种统一而同样将对立面设定起来呢？因而你似乎绝不能达到一种纯粹的统一，绝不能达到那样一种统一，它不因差别而浑浊。

布鲁诺：啊，朋友，虽然你似乎既说有差别与之对立的那种统一是浑浊的，也说上述统一与差别在其中合而为一的那种更高的统一是浑浊的，只是无论你这番话是针对两者中的哪一种，我都想从反面证明你是错的。因为当你说，既然鉴于那种更高的统一，下属的统一与差别就对立起来了，那么那种更高的统一本身也就具有了一个对立面，这样我就要否认你的那种说法了，即下属的统一与差别是鉴于那种更高的统一而对立起来的。因而谈到因差别而浑浊，难道你不是仅仅指那与差别相对立，且仅

---

① 谢林这里区分了两种统一（最高的统一和与对立相对立的统一），表达了他的思想的一个关键原则：最高的统一（即本段中说的"那种统一"）是那相互对立的统一与对立的统一。——译者注

就其与差别相对立而言的统一,而不是指那样一种统一吗,它超越了差别,而且鉴于这样的统一,那对立面本身也就不存在了?或者说情况不是这样?

琉善:在此我愿意承认这一点。

布鲁诺:那么你是说,统一是就其与差别相对立而言,才变得浑浊了的?

琉善:诚然如此。

布鲁诺:然而又是如何对立起来的呢:是直截了当地还是仅仅相关联而言对立起来的?

琉善:什么是你说的直截了当地对立起来的,什么又是你说的相关联而言对立起来的?

布鲁诺:相关联而言对立起来,我指的是能在任何一个第三者那里停止对立并成为一体。但若在绝对意义上而言,这种事情就不可想象了。你设想一下两个物体具有对立的本性,它们可以混合起来,并由此创生出第三个物体,这样你就有了第一种情形的一个例证。你设想一下物体与从镜子里反射出来的该物体的镜像,这样你就有了第二种情形的一个例证。因为你能设想某个第三者,在它那里镜像能转变为对象,对象能转变为镜像吗?而且它们之所以存在,不正是因为这个是对象,那个是镜像,二者必然永恒地和直截了当地相分离吗?

琉善:当然。

布鲁诺:那么你必将在统一与差别之间设定的对立是哪一种对立呢?

琉善：照你看来必然是后一种对立，因为它只有在某种更高的东西那里才能成为一体。

布鲁诺：很好，但你确乎曾以为已经消除了这种统一的。因为那时的情形难道不是这样吗：只有就统一与差别相对立而言，你才承认它变得浑浊了？

琉善：是这样。

布鲁诺：但只有在更高的统一被认为已经消除了的情况下，统一才是与差别相对立的；因而你也只能设想双方是相关联而言对立起来的。

琉善：诚然如此。

布鲁诺：只要它们仅仅相关联而言对立起来，它们也就只能相关联而言合而为一，并相互限定和相互限制，就像我们上面假定的那两个物体一样。

琉善：必然如此。

布鲁诺：而仅仅就它们自行限定和相互限制而言，统一才变得浑浊，然而按照你的理解，这就意味着统一分有了差别。

琉善：完全正确。

布鲁诺：因而当你将统一设定为浑浊的时，你就必然设定了双方之间存在着一种因果关系，这就像那些不得已从事哲学思考便在这里设定统一，在那里设定多样性，使统一对多样性起作用，又使多样性对统一起作用的人，却还是使得双方相互依赖了。

琉善：诸神庇佑，我会认真对待这一点的。

布鲁诺：因而你不能同样认真对待另一点，即我们将我们拿来与对立相对立的那种统一,设定为浑浊的了。

琉善:当然不能。——但这是怎么回事,难道这不是从你的那种看法得来的吗,即恰恰只有绝对对立起来的东西,也才能绝对成为一体的,反之亦然?

布鲁诺:当然是那样得来的。你想想你已经思考过的东西,然后告诉我,你是否能设想在对象与其镜像之间存在着某种更完善的统一,尽管双方完全不可能在某个第三者中凑到一起。因此你必然设定双方是被某个更高的东西结合起来的,在那里,使得镜像成其为镜像、对象成其为对象的那种东西,亦即光,其本身又与物体合而为一了。现在看来,世界的这样一种厄运①和秩序就设定了,一般而言如果对象存在,镜像也便存在,而如果镜像存在,对象也便存在,那么恰恰因为双方从不在一起,并以此为根据,双方才必然和处处都在一起。因为那绝对地和无限地对立的东西,也就只能无限地结合起来了。但无限地结合起来的东西,却不能在任何地方和任何时候分离开;因而那从不在任何时候和任何地方分离开和直截了当地聚合起来的东西,正因此就直截了当地对立了。因而要使统一被差别弄浑浊,你就必须从统一与对立本身在其中合而为一的那个东西那里将统一分离开来,并使这统一仅仅自顾自地存在,但要使差别相对地与这统一相对立;然而那在你看来是不可能的,因为差别脱离于那种绝对的统一之外就什么都不是,而且一般而言只能在那绝对

IV, 239

---

① 指镜像与对象永远双双对照出现这样一种局面。原文中的"Verhängniß"(灾祸,厄运),放在上下文中似乎否定的含义过重,也有可能系"Verhältniß"(关系)之笔误。——译者注

的统一上存在，而我们能就这差别说的一切，都只能鉴于那绝对的统一，才能就这差别说出来。然而鉴于这绝对的统一而言，它是不能被认为由差别弄浑浊了的，因为就绝对的统一而言，它根本不与差别相对立。因而这里的一切都一目了然；因为就绝对的统一而言（由于它不是以合并的方式，而是以不可分的方式将有限者以及无限者都包含在内，它既不是黑暗，也不是混合），你本身就已洞明世事，而且已经承认了这一点。

琉善：但你是否确定，凭着你所谓的统一与对立的统一（Einheit der Einheit und des Gegensatzes），就消除了一切对立？而你们在哲学中习惯于制造的其他那些对立，与这里的对立又是什么关系呢？

布鲁诺：既然下面这两种情形中的一种是必然的，我如何不会对前一点感到确定呢：一向被制造的那些对立，必定或者落于我们所谓的对立之中，或者同时落于我们既称作统一又称作对立的东西之中。然而由于你似乎心生疑窦，而凭着前一点我同时也就回应了后一点，你就给我们说说你认为最高的那种对立吧。

琉善：在这个问题上我认为，不可能有任何对立比我们通过观念东西与实在东西表达出来的那种对立更高的了，这正如反过来看，我认为最高的统一似乎必须被设定于观念根据与实在根据的统一之中。

布鲁诺：我们还不能满足于此，反而还必须请你告诉我们，你说到这种观念根据和实在根据的统一时想到的是什么。

琉善：思维与直观的统一。

布鲁诺：我不会就这个规定挑起任何争论，啊，朋友，也不会问你是否不会——比如说——将那统一重又规定为观念性的或实在性的（因为已经超越于双方之上的东西怎么会与双方之一相对立呢？），现在也不会研究，你所谓的直观，其本身是否已经是观念东西和实在东西的某种统一了。因为我们现在想将这一类的所有问题搁置不论，仅仅进一步研究你说到直观与思维的那种统一时，你自己想到的是什么。因为在我看来，你目前所表达的完全是我们说过的对立与统一、有限者与无限者的统一。那么请告诉我，啊，卓越的人，你是否并不认为直观在任何情况下都是得到了充分规定的，以及你是否并未宣称那在一切方面都得到了规定的直观是与思维相统一的？因为只有在这个意义上，我才能既设想双方的对立，又设想双方的统一。

琉善：还真是如此。

布鲁诺：但你必然会认为直观受到了某种东西的规定。

琉善：固然是受到另一个直观规定，而这后一个直观又受到另一个直观规定，如此以至于无穷。

布鲁诺：但你如何能设定一个直观是受到另一个直观规定的，倘若你并不设定后者与前者、前者与后者是可以区别开来的，因而并不将差别贯彻到整个直观层面，以致每一个直观都是特殊的，没有任何一个直观是与别的直观完全相同的？

琉善：就是你说的这样，不可能是别样的了。

布鲁诺：反之你想想一个概念，比如植物概念或形体概念，或者你愿意想到的其他概念，然后告诉我，如果你一个接一个地

IV, 241

考察更多的植物或形体,这个概念是就像你的种种直观发生改变和得以规定那样发生改变和得以规定,还是毋宁保持不变,并在所有极为不同的植物或形体那里都以一种完全相同的方式得到衡量,或者说它对所有不同的植物或形体都了无差别?

琉善:是后一种情形。

布鲁诺:那么你就将各种直观规定为必然受制于差别的,却将概念规定为了无差别的了。

琉善:是这样。

布鲁诺:进一步说,你是在特殊东西的特质下设想直观,却在普遍东西的特质下设想概念了。

琉善:事情很清楚,就是如此。

布鲁诺:可见你以直观与思维的那种统一,说出了多么高超和卓越的一种理念啊!有那样一种东西,在其中通过普遍东西,那特殊东西也受到了设定和规定,通过概念,各种对象也受到了设定和规定,这就使得在那东西本身中双方不可分;除了那种东西的本性之外还能设想出什么更庄严和更卓越的东西呢?而你又在多大程度上能忍受关于这一切在其中都分离开的有限认识的这种理念呢?唯有那些自负的哲学家才将统一与多样性双方相互绝对对立起来,那么关于他们那自以为是的认识,又还能再多说些什么呢?那就让我们坚守前一种理念,而不让其他的什么东西搀混进去,或者说按照我们像设想理念那样最严格地将某种东西留在后面;让我们在思维和直观之间设定那样一种统一,使得在一方中表现出来的东西,也必然在另一方中表现出来。而它们双方据说并非仅仅在某个第三方中，而是在自身那里且在分离之前即为一体，而且双方与其说同时，不如说以完全相同的方式成为出自那样一种本性之卓越性的一切东西的特质，那种本性在其自身而言不是一方或另一方，也并非同时是双方，而是双方的统一。然而你没有看到吗，在我们所谓的直观与思维的统一中，也包含了有限者与无限者的统一，反之亦然，因而我们是在不同的表达下正好将同一个本原推到至高地位了？

IV, 242

琉善：我相信看到这一点是完全确定的了。因为既然每个概念就其如同适用于个别事物一样适用于无限多的事物而言，都在其自身具有某种无限性，反之特殊东西作为直观的对象，必然也是某种个别的和有限的东西，那么随着概念与直观的统一一道，我们必然也设定了有限者与无限者的统一。然而由于这个对象在我看来似乎特别值得考察，那么我请求你将这个研究进一步探寻下去，尤其还要注意实在东西和观念东西、有限者和无限者是以何种方式结合起来的。

布鲁诺：你说那个对象一般而言是特别值得考察的，是很有道理的，你要是说，它是唯一值得在哲学上进行考察的，并且也只吸引了哲学上的考察，那你就远远更正确了；因为难道下面这一点不是显而易见的吗，即在有限者中设定无限者，又在无限者中设定有限者，这种倾向支配着一切哲学探讨和哲学研究？这种形式是永远要思考的，有如在这形式下表现出来的东西的本质一样，而且既不是现在开始了，也不会在某个时候终止，正如柏拉图笔下的苏格拉底所说的，这形式是每一种研究的不朽的、永不衰老的特质。最先尝到它的味道的那个少年欢欣莫名，仿佛他发现了一个智慧的宝藏似的，而在欢欣鼓舞之下，他快乐地进行每一项研究，一会将他遇到的一切都囊括到概念的统一中去，一会又将一切消散和剖分为许多碎片。这形式是诸神给人类的一份礼物，这礼物是与普罗米修斯取自天国的最纯净的火一道被带到地上来的。假如这样布置各种事物，那么由于一切被认为永恒的东西都出自无限者和有限者，然而一切东西只要我们真正区别开了，那区别开的双方中的一方或另一方就必定存在，于是下面这一点就是必然的，即万物都有同一个理念，因而万物复又存在于同一个理念中。原因在于，理念自身与概念有别，它只有一部分本质归于概念了，因为概念只是单纯的无限性，而正因此它也就直接与杂多相对立了，反之理念由于将杂多与统一、有限者与无限者结合起来了，也就对双方完全漠无差别了。由于我们早就被人教导说，哲学只须专心研究事物的永恒概念，那么一切理念的理念(die Idee aller Ideen)就会成为一切哲学的唯一对象，但这理念却无非是包含了差别东西(des Verschiedenen)与一(Einen)、直观与思维的不可分性。这种统一的本性便是美与真理本身的统一。因为美是那样的状态，普遍东西与特殊东西、类与个体在其中绝对合一了，正如在诸神的形态中那样。但这一点也是独自为真的，而且由于我们将这理念视作真理的最高尺度，那么我们也只会将那就这理念而言为真的东西视作绝对真的，却将那就这理念而言不具有任何真理的东西仅仅视作一些相对的和欺骗性的真理。因而我们的研究必须越来越指向有限者与无限者在那至高的东西中的那种结合。因而目前我们一定要记住，我们已经设定了双方是绝对不可分的，使得绝对者的本质虽说既不是双方中的某一方，也不是另一方，它恰恰因此而是绝对的，但存在着的万物就那绝对者而言，当其为观念的，也直接是实在的，而当其为实在的，也直接是观念的。但很明显，我们的认识中的情形并非如此，因为在我们的认识中，观念的东西，即概念，显现为单纯的可能性，然而实在的东西，即事物，却显现为单纯的现实性；而这一点难道不是很适用于我们用来表达"观念的"与"实在的"之间的那种对立的一切可能的概念吗？难道我们，比如说，不是必须说，在观念东西在其中不可与实在东西相分离、实在东西在其中不可与观念东西相分离的那个东西中，杂多与统一、边界与无边界者合而为一，反之后者与前者也合而为一，而且是以绝对的方式结合起来的？

IV, 244

琉善：真是这样。

布鲁诺：难道现在不是很明显吗，在有限的认识看来，统一乃是单纯而无限的可能性，反之杂多则包含了事物的现实性，进一步说，难道不是很明显吗，我们在无边无际的实在性中瞥见一切现实的无限可能性，反之在界限中则瞥见了他们的现实性，因而在这里否定变成了设定，反之设定则变成了否定？同样，在那种认识看来，万物中被当作本质的东西，实体，包含的是某种存在的单纯可能性，反之单纯偶然的东西和所谓的偶性则包含了存在的现实性，因而简言之，与最高理念和万物在此理念中存在的方式相比，在有限的知性中，一切都显得是颠倒的，仿佛头足倒立,这大约就像人们看见一些事物在一片水面上被倒映过来一样。

琉善:你说的全都难以质疑。

布鲁诺:那么难道我们不能进一步有理有据地得出下面这个结论吗,即由于可能性与现实性的对立随着观念东西和实在东西的对立一道被我们的概念设定下来了,那么一切基于前一种对立或从前一种对立中产生出来的概念,也便像后一种对立一样的错误,而且就那最高的理念而言便没有任何意义了?

琉善:必然会得出这个结论。

布鲁诺:我们是能将下面这一点视作我们的本性的某种完善性,还是必须将其视作我们的本性的某种不完善性呢,即我们必须设想某种并不存在的东西,因而我们除了有存在概念之外,一般还有某种非存在概念(Begriff des Nichtseyns),或者说能判断某种东西是否存在?

琉善:与最高的理念一比较,我们就不能将这当作某种不完善性了。因为非存在概念预设了某种并未在直观中被表现出来的思维,而这在绝对者中是不可能的,因为就绝对者而言,在一方中被表现出来的东西,必定也直接在另一方中被表现出来。

布鲁诺:那么就最高的理念而言,我们就无法设想存在与非存在(Nichtseyn)的某种差别了,好似不能设想不可能性概念(Begriff der Unmöglichkeit)一样。

琉善:也不能设想不可能性概念,因为它设定了概念与直观之间的某种矛盾,而那种矛盾就绝对者而言同样是不可想象的。

布鲁诺:然而我们何以尚未确定下面这一点,即观念性事物作为观念性事物已经无可限制了，因而每一个概念在其自身便是无限的；还有，你是如何设想这种无限性的呢？是设想成那种本身可能是在时间中被产生的，因而依照其本性而言可能永远得不到成全的无限性，还是设想成一种直截了当临在的（gegenwärtige）、在自身中得到了成全的无限性？

琉善：是后一种情形，如果概念依照其本性而言是无限的。

布鲁诺：由此看来，难道下面这一点不是很好理解吗，即那些涉世未深的人如果发觉下面这一点，就会感到如获至宝、欣喜若狂，即要领悟到他们关于三角形的概念——通过三条线围起来的一个空间——是一个无限的概念，他们并不需要一一直观曾有过的和将有的一切三角形，甚至无需仅仅直观一下所有不同种类的三角形，如等边的和不等边的三角形、等腰的和不等腰的三角形等等；而且不用考虑这些就能确知，他们关于三角形的概念包含了过去有过的、现在有的和将来会有的一切可能的三角形，无论它们的种类多么不同，而且这概念在同一个意义上适合于一切三角形？但在其自身且为其自身而言，如我们所知的，在概念中虽说包含了在无限的时间里与其相符的一切事物的无限可能性，然而那也只是可能性罢了，因而它虽然具有某种完全独立于时间之外的本性，却由于上述原因而不能被视作绝对的。

琉善：情况真是如此。

IV, 246

布鲁诺：现在我们就将绝对者规定为依其本质而言既非观念的亦非实在的，既非思维亦非存在。但在与各种事物的关联中，它必然是具有同等的无限性的这样一个、那样一个无限者，因为我们说过,就它而言,一切存在者当其是实在的之时,也是观念的,而当其是观念的之时,也是实在的。

琉善:完全正确。

布鲁诺:现在我们就可以把无限的观念性(Idealität)规定为某种无限的思维,但你说过的那种直观却与这种思维相对立。

琉善:我完全同意这一点。

布鲁诺:现在由于每个概念依其本性而言是无限的,我们难道不是必须在无限的思维中将万物的概念设定为直截了当地和在与时间没有任何关联的意义上无限的吗?

琉善:我们很可能必须如此。

布鲁诺:因而我们会将与直观对立的那种无限思维视作万物的那种永远相同、与时间没有任何关联的无限可能性。

琉善:必然的。

布鲁诺:但由于在无限者中,思维与直观直截了当地是一体的,那么在无限者中,各种事物就不仅仅通过它们的无限概念,也通过它们的永恒理念,因而在与时间没有任何关联,甚至在不与时间相对立的情况下,随着可能性与现实性的绝对统一(作为思维与直观的最高统一)一道,被表现出来。因为既然你赋予直观与思维的关系,与其他人赋予存在或实在性的关系是同一种关系,那么在将直观视作无限的实在东西的情况下,对于无限的思维而言在直观中就有了万物的可能性,只是由于思维与直观的绝对统一,那么随着万物的可能性一道,那与之类同的现实性也就被设定了;因而由于各种概念是无限的,在概念与直观之间却不会出现将二者分离开的任何东西,在各种概念之外还有对各种事物的直观,但这些直观与那些概念完全相符,因而在各种理念中必定在无限的意义上被表现出来。

琉善:难道我们不是早已确定,每一种直观都受另一种直观规定,后者又受另一种直观规定,如此以至于无穷?

布鲁诺:完全正确,因为既然我们将有限者设定为直观活动(Anschauen),那么我们就只能在各种直观(Anschauungen)之间设定一种通过原因达到的结合。

琉善:但你如何能将似乎仅仅关联于时间性定在的、各种事物的这种如乱麻一般的无限规定性,与各种事物在其理念中的那种永恒存在等量齐观呢?

布鲁诺:我们希望看到这个局面。因而你是将概念设定为无限的,将直观设定为有限的,却将双方设定为在理念中一体而完全不可分的了,抑或不是这样?

琉善:是这样的。

布鲁诺:然而你将理念设定为唯一在其自身实在的东西?

琉善:也设定了这一点。

布鲁诺:因而就理念而言,真正说来,不管无限者还是有限者,都不是某种自顾自的和独立于我们的种种区分之外的东西。因为它们中没有任何一个是在其自身的,每一个却都只是通过它的对立面而成其所是的,那么我们也就不能将任何一方放在另一方之后,或者为了另一方而放弃任何一方。

琉善:不可能。

布鲁诺：因而情况必定是这样，即当无限者存在时，在我们已经设定为永恒的东西中，有限者也就在无限者那里存在，与无限者不可分了。

琉善：显然如此，因为不然的话，我们就必须单独设定无限者了；然而无限者却只是与有限者相对立时才作为无限者本身而存在的。

布鲁诺：但你说的是，有限者作为有限者，必然总是一种确定的东西，而作为这种确定的东西，它是受到另一个有限者规定的，后者又受另一个有限者规定，如此以至于无穷。

琉善：对。

布鲁诺：然而这个进至无穷的有限者，在理念中却与那在其自身且为其自身的无限者被设定为一体，而且直接与后者结合起来。

琉善：我们是如此假定的。

布鲁诺：然而那在其自身且为其自身的无限者却是概念？

琉善：我承认这一点。

布鲁诺：现在看来，一般来说是不可能有任何有限性作为无限之物与概念相类同或相符的。

琉善：这很清楚。

布鲁诺：但概念是一种依照时间而言的无限之物？

琉善：不可能的，正如我们所见的那样；因为独立于一切时间而无限的东西，是没有任何时间，包括无限的时间，所能耗尽的，而且没有任何关联于时间的无限性能与前一种无限的东西相类同或相符。

布鲁诺：因而概念是那样一种有限性，它在无时间的意义上（zeitlos）是无限的？

琉善：大概能得出这一点。

布鲁诺：概念仅仅在无时间的意义上是无限的？

琉善：这一点被假定下来了。

布鲁诺：因而一种在无时间的意义上无限的有限性，是在其自身且为其自身或依照其本质而言无限的。

琉善：这一点也被假定下来了。

布鲁诺：但一种依照其本质而言无限的有限性，却永远和不能在任何意义上停止为有限的。

琉善：永远也不。

布鲁诺：进一步说，它不是通过时间，而是在其自身且为其自身而无限的，在这种情况下，它也不能通过移除时间而停止无限地成为有限的（unendlich endlich zu seyn）。

琉善：这也做不到。

布鲁诺：因而同样不能停止在其自身为有限的，这是因为它在绝对者中，而且在绝对者中是在无时间的意义上临在的。

琉善：同样不能。然而即使这在我看来并非完全无法理解，然而我请求你进一步讲清这一点，因为它属于最幽暗之事，而且那有限性不是一瞥之下立即就能被理解的。

布鲁诺：因而我们仅仅通过我们的区分，就将无限的思维与它在其中无需中介便与有限者合而为一的那种理念分离开来了。现在看来,依照可能性而言,在无限的思维中一切都在无需区分时间与物类的情况下便合而为一了,但依照现实性而言,它们不是一体的,而是多样的,而且必然且无限地是有限的。但那在其自身且为其自身的有限者却像那在其自身且为其自身的无限者一样地超越了一切时间,而且它不能通过时间而获得无限性,因为无限性被有限者关于无限者的概念排除在有限者外了,有限者也同样不会因为时间的消除而失去其有限性。因而要设想在绝对者中和在绝对者那里的一种无限的有限者,无需任何时间,尽管它在被认为与绝对者相分离的情况下必须被延续无穷的时间。但它并非在无穷的时间中成为无限地有限的,因为如果说那有限者就绝对者而言也只是在瞬间存在,那么它依照其本性而言只会在瞬间存在。然而你可以在如下意义上进一步看清这一点。

每一个有限者本身的定在的根据都不在其自身,而是必然在自身之外;因而它是一种现实性,它的可能性在另一个东西中。反过来说,它也仅仅含有无限多的其他东西的可能性,而不含有它们的现实性,而正因此,它就必然且进至无穷地是不完善的。但就绝对者而言,这是完全不可想象的。因为在绝对者中,只要我们看看那类同于本质本身的形式就会发现,实在性事物与观念性事物虽然依照概念而言必然且永远是对立的,正如镜像与范型的关系一样,而实在性事物虽说依照概念而言必然是有限的,然而在实在的意义上或依照事情本身而言却是与观念性事物绝对类同的。因而你如果只依照有限者的概念来考察它,那么它必然且进至无穷地是个别的,而当它本身是一种现实性,它的可能性在另一个东西中时,它本身又包含了其他个别东西的无限可能性,而其他个别东西基于同样的理由又包含了另一些个别东西的无限可能性,如此等等,以至于无穷。因而在与无限者的绝对统一中来看,现实性首先就以实在的方式直接与它所包含的其他个别东西的无限可能性结合在一起了,依此看来,出于同样的理由,它的可能性就直接与作为现实之物的它自身结合在一起了;因而一切就其在上帝中而言,其自身就是绝对的,在一切时间之外,而且有一种永恒生命。现在看来,个别东西之所以成其为个别东西,之所以能将自身分离开,正是由于它只包含了其他事物的可能性,却没有其现实性,甚或只包含一种现实性,在它之中却没有那现实性的可能性。然而不管你能设定什么样的有限者,并随之设定可能性与现实性的何种差别;这正如整个身体有无限的可能性,一个有机身体的任何一个肢体都包含了无限的可能性,就这个有机身体而言,现实性也就在不必考虑任何时间关系的情况下直接被设定下来了,也正如反过来说,没有任何一个有机肢体的可能性是在它之前或之外的,而是直接与它自身一道,在其他肢体中有了它的可能性;与此类同的是,有限者就其在绝对者中而言,就既没有将现实性与它的可能性,也没有将其可能性与现实性分离开来。因而在所有已知的和可见的事物中,有限者在无限者之中存在的方式,就类似于有机身体中个别部分与整体相结合的那种方式,因为正如这个有机的肢体在有机身体中并不被设定为单个的肢体,同样地个

IV, 250

别东西在绝对者中也不被设定为单个的东西,而且正如一个有机的肢体由于从实在的方面来看并不是单个的,并不停止为观念的,或停止为其自身而以个别的方式存在,有限者就其在绝对者中存在而言,也是如此的。因而有限者与有限者在这绝对者中的关系并非因果关系,而是一个有机身体的肢体与另一个肢体之间的关系;只不过有限者与无限者在绝对者中的那种结合,要比它们在一个有机身体中的那种结合无限地更完善,因为每一个这样的身体包含的还是那样一种可能性,它的现实性在这身体之外,而且它与这现实性之间的关系就像因果关系;它也只是绝对者中的一个原型的摹本,在那绝对者中每一种可能性都与它的现实性结合在一起,而且恰恰因此,每一种现实性也都与它的可能性结合在一起。

现在看来,恰恰因为真正的宇宙是无限丰富的,在它之中没有任何东西是在另一个宇宙之外的,①没有任何东西是分离的,一切都绝对合为一体并相互交融,那么它在摹本中就必然延展为某种无限的时间,这就像可能东西与现实东西的那种统一在有机身体中并不需要时间,而分散开来反映到它的生成过程中时就需要一段时间了,这段时间既不可能有某种开端,又不可能有某种结尾。因而没有任何有限者在其本身就处在绝对者之外,而只在为其自身存在时才是单个的,因为在绝对者中存在的,是有限者中在观念的意义上而言——也在实在的意义上而言——无需时间的东西,而如果与可能性的关系是因果关系,那

---

① 意即真正的宇宙只有一个,在它之外没有任何别的宇宙。——译者注

么有限者自身就设定了这种关系,而如果这种关系并非无需时间的,那么有限者自身就设定了它的时间,而且它将它只包含其现实性而缺乏其可能性的东西当作过去,将它包含其可能性而缺乏其现实性的东西当作将来;因而它的时间的设定者便是它的概念,或者说它所包含的那种受到与某个实在东西的关联规定的可能性,而且这种可能性的规定性将已成过往的与尚未到来的东西都排除在外了。因而在绝对者中,情况相反,存在与非存在是直接结合在一起的。因为在永恒者中,即便那些并不实存的事物及其概念,也无非就像那些实存的事物及其概念那般存在着,亦即在某种永恒的意义上被涵容了。然而在绝对者中,那些实存的事物及其概念也都又以和那些并不实存的事物及其概念毫无二致的方式存在着,亦即在它们的理念中存在着。但其他的一切实存都是假相。

在上帝中,没有任何个别东西的概念是与存在着的万物的概念分离了、曾经分离过或将要分离的,因为这些区别就上帝自身而言没有任何意义。在上帝中,比如说,一个人的概念中含有的无限的可能性,就不仅与其他所有人的无限的现实性合而为一,而且它就是一切作为现实之物而从它自身中产生的东西,因此在上帝中预先成形的个人生命①就是纯而不杂的,而且要比那人自己的生命圣洁得多,因为即便在个人中显得混杂不纯的东西,在那永恒者中也被直观到是服务于整体的庄严和神圣的。

---

① 基督教传统认为上帝预先形构(预定)个人的生命,在谢林的语境下可以理解成生命的概念。——译者注

啊,朋友,因而当我们在你亲自建立起来的那种统一中看出了真正的和最高的意义时,我们就绝不会认为这种统一真的能在有限的认识中找到,而必定会认为它远超有限的认识之上。我们将会在那太一——它既不是一切对立中的一方,也不是另一方——的本质中认出那永恒而不可见的万物之父,他由于自身从不走出他的永恒性之外,便在同一个神圣的认识活动中涵括了无限者和有限者:虽然无限者是精神①,后者又是万物的统一,有限者在其自身虽然也与无限者类同,却由于它自身的意志而成了一位受动的和受制于时间条件之下的上帝。现在看来,这三个因素如何能在那独一本质中成为一体,而且即便作为有限者的有限者,也无需时间便位于无限者近旁了,这些我相信已经都指出了。

琉善:啊,朋友,你将我们引入那不可把握者的本性的深处了;只是你在掠过意识飞翔已远之后,如何能从那里回转到意识,这倒是需要我看个仔细。

布鲁诺:啊,最优秀的人,尽管我并不知道,你见我飞掠过意识——如你称呼的那样——后是否要责备我,我还是想说,我认为意识一文不名,因为首先请告诉我,我所做的事情,除了在其最高的意义上设想你已建立为本原的那种理念之外,还有别的吗?

琉善:别的事情虽说没有,这件事情却使得那种统一不再是知识的本原,而且在我看来,恰恰因此它也就不再是哲学的本原了,因为哲学是知识的科学。

---

① Geist,或译"灵"。——译者注

布鲁诺：在这一点上虽然我很想与你达成共识，但恐怕你所理解的知识并不是某种从属性的知识，那知识正因此也就并不要求一种从属性的本原了。因此让我们首先了解一下，你是在哪里寻求知识的。

琉善：因而我恰恰将知识设定到思维和直观的那种统一本身中去了，我们就是从那种统一出发的。

布鲁诺：那你是又将这种统一规定为知识的本原了？

琉善：是这样。

布鲁诺：啊，朋友，现在让我们看一看，就这种统一是知识的本原，而且是知识本身而言，你是如何设想这种统一的。因此我要请你先告诉我，你是希望观念性事物与实在性事物在知识的本原中合一，就像我们规定它们在绝对者中是合一的那般，还是认为后一种统一就其在绝对者中而言，属于另一个种类？是同一个种类的吗？那我们就没什么分歧了，那你对于知识的本原的主张，恰恰就是我们对于绝对者的主张，只是你很可能与我意见一致，却与你自己意见不一致了。因为如果你看到在知识的本原中表现出来的，其实是我们看到在绝对者中表现出来的那同一种绝对的统一，那么你就会凭着知识本身飞掠过知识和意识。

琉善：你忽略了，虽然就统一是知识的本原而言，我们知道它是绝对的，但恰恰只在其与知识本身的关联中，我们也知道它是绝对的，并认定它是知识的本原。

布鲁诺：我不知道我是否理解了你的意思。——知识作为思维与直观的统一就是意识。但意识的本原是同一种统一，只不过是纯粹或绝对地被设想的而已；这种统一是绝对的意识,反之知识则是衍生的或有其他东西作为根据的意识。现在你是不是认为,我们在从事哲学运思时根本没有理由走出在有其他东西作为根据的意识中被构想的纯粹意识之外,或者一般而言,根本没有理由不在与那本身还以纯粹意识为本原的意识的关联之中来看待纯粹意识?

IV, 254　　琉善:但这的的确确就是我的看法。

布鲁诺:因而你必然也会主张,有其他东西作为根据的意识中的统一,不同于绝对者中的统一。

琉善:必然的,如同在本原中的统一一般而言必然不同于在以此本原为本原的东西中的统一。

布鲁诺:但绝对意识中的统一,与直截了当地在绝对者中看到的统一却是同一个。

琉善:对。

布鲁诺:但我们却将绝对者中的统一看作绝对的。

琉善:诚然如此。

布鲁诺:因而并不将知识中的统一看作绝对的。

琉善:当然。

布鲁诺:因而是看作相对的了。

琉善:你完全可以这么说。

布鲁诺:但如果是相对的,那么观念性事物和实在性事物这双方也就必然有区别了。

琉善:必然的。

布鲁诺:但我们已认为这双方在绝对者中是没有区别的、完全漠无差别的。

琉善:我们是如此认为的。

布鲁诺:但如果没有区别,绝对为一,那就不可能有任何规定,通过那个规定,其中的一方,比如观念性事物,便被设定为观念性事物,而通过同一种规定,另一方,实在性事物,却没有同时被设定为实在性事物,反之亦然。

琉善:这是无可否认的。

布鲁诺:那么就从来没有一个单纯的观念性事物,也从来没有一个单纯的实在性事物被设定了?

琉善:从不。

布鲁诺:毋宁总是只有这双方的某种相对的统一被设定?

琉善:无可争议。

布鲁诺:因而正如这双方在永恒者中为一,那么一方也只有在另一方那里,实在性事物只有在观念性事物那里,观念性事物则要在实在性事物那里,才能与绝对的统一相分离。如果这事不发生,那么既不是一方,也不是另一方,而是双方的绝对统一被设定下来。那么这个说法你同意吗?

IV, 255

琉善:无一不从。

布鲁诺:因而你也会看到下面这一点是无可避免的,即一般而言只要某种相对的统一被设定了,那么,比如说,只要实在性事物在观念性事物那里分离开了,它的对立面,也就是观念性事物,也便由于其与实在性东西的关联,直接而必然地被设定为分离的了；那么只要仅仅一般就绝对的统一而言，那最高的统一也就必然显得分离为两个点了，在一个点上观念性事物通过实在性事物才被设定为其本身，在另一个点上实在性东西通过观念性东西才被设定为其本身。

琉善：这一切都无可否认；下面这一点也是直接就能证明的，即一般而言只要一个意识被设定，即便那只是我自己的意识，那么由你所决定的那种分离也就是必然的了。

布鲁诺：但知识是一种相对的统一？

琉善：我们是这么看的。

布鲁诺：那么还有另一种统一与它形成对立。

琉善：这一点我也得承认。

布鲁诺：你怎么称呼那个与知识对立，因而我也不了解的东西？

琉善：存在。

布鲁诺：因而存在如知识一般是一种相对的统一。

琉善：可以这样推论。

布鲁诺：因而正如知识不是一种纯粹的观念性，存在也不是一种纯粹的实在性。

琉善：对。

布鲁诺：但这两种统一中没有任何一种是在其自身存在的，因为每一方都仅仅通过另一方而存在。

琉善：似乎是这样。

布鲁诺：这显而易见；因为你如果不同时直接设定某种存

在,就根本不能设定某种知识,这正如你如果不同时直接设定某种知识,就根本不能设定某种存在。

琉善:这显而易见。

IV, 256

布鲁诺:因而两种统一中没有任何一种能成为另一种的本原。

琉善:没有任何一种能如此。

布鲁诺:正如存在就其是相对的统一而言,不是知识的存在,知识就其是相对的统一而言,也不是存在的知识。

琉善:同意。

布鲁诺:因而你也不能将这些规定性中的任何一个化为另一个;因为一个与另一个共存亡,这样一来,如果拿走一个,你也必须消除另一个。

琉善:当然,那也不是我的想法。

布鲁诺:你希望的不如说是将双方都化为绝对的意识。

琉善:说对了。

布鲁诺:但只有当你将统一视作知识这个特定的相对统一的本原时,绝对的意识才是那统一。

琉善:诚然如此。

布鲁诺:但根本没有理由将绝对的统一特别视作那两种相对的统一中的一种的——比如知识的——本原,并在以这种方式被看待的统一中消除种种相对的对立,因为它是双方的同一个本原,而你或者如其在自身那般看待它(即便在与知识的关联中也是如此),那就根本没有理由将它完全限于这种关联之上,或者并不如其在自身那般看待它，那你出于同样的理由也应该在与和它对立的那种相对统一的关联中来看待它，后者与前者同样实在，具有同样的原初性。那么你既然没有在与知识的关联中认识前一种统一，为什么不干脆使之成为普遍的、处处临在的、囊括一切的，并将它扩展到超出一切之外呢？只有当你也使它摆脱了与意识的关联的时候，我才相信，你真正如其在自身那般认识了它，而且对它有了理智直观。在各种事物中你看到的无非是那种绝对的统一的一些被推延了的形象，而且即便在知识中，就其是一种相对的统一而言，你看到的无非也是那种绝对的认识的某种被往其他方向扭曲了的形象，而在绝对的认识中，存在并不被思维规定，正如思维并不被存在规定。

琉善：啊，朋友，在这一点上我们现在很想达成一致，因为即便我们将哲学打回到意识上，也不过是因为洞见到了下面这一点，即知识与存在的那些对立，或者如我们通常喜欢说的那样，脱离意识之外就毫无真理了，如果撇开意识来看，一种存在本身正如一种知识本身便什么也不是。因为现在看来，正如你自己说的，一切彻底被视作实在的东西，都是基于对那种统一的推延，或者基于对它的相对分离与重建之上的，但那种分离本身却只是观念的，也是在意识中被制造出来的，这样你就看到了，为什么这种学说是唯心论（Idealismus），那不是因为它用观念性事物规定了实在性事物，而是因为它使双方的对立本身成为单纯观念性的了。

布鲁诺：我诚然是看清了这一点。

琉善：啊，朋友，只不过就最高理念而言，那种分离是没有真理的，在这一点上我们虽然是一致的，只是意识与之息息相关的那种步出永恒者之外的现象，甚至不能仅仅被当作可能的，而且要被当作必然的，这一点你还根本没有阐述过，反而完全将其弃之不顾。

布鲁诺：你要求我谈谈这个问题，是有道理的。因为当你希望了解那一开始就与知识的相对统一发生了关联的绝对统一时，你是不会忽略那个问题的，后者仅仅构成了对有限者如何源自永恒者的那个普遍的研究的一个特殊例子。因而你的看法似乎就是，啊，最优秀的人，我是在没有于最高理念之外预设某种别的东西存在的情况下，就从永恒者本身的立场出发，达到了现实意识的源头，以及与最高理念同时被设定了的那种分化和分离的源头。因为即便这种分离，连同与它一道被设定的东西，也是又在那理念中被把握了，而当个别东西也扩大其定在的各种圈子时，这种分离还是维持和包含着那种永恒性，而且那些圈子中没有任何一个超出了它周围被划定的界域。

那么你想想，我们认为那个最高的统一是那样一个神圣的深渊，万物发源于它又回归于它，就那个深渊而言本质也规定了形式，形式也规定了本质，我们在那个最高统一中虽然首先设定了绝对的无限性，但也按照并非以与这种无限性相反，而是直截了当地与之相适应、相符合的方式，在既不限制自身又不限制这无限性的情况下设定了以无时间的方式临在的和无限的有限者；这双方为一物，甚至仅仅在现象东西中才可以区分，也才被区分开了,依照事情本身来看完全为一,然而依照概念来看却是永远有别的,正如思维与存在、观念东西与实在东西之间一样。但在这种绝对的统一中,由于在它之中,正如已经指出的,一切都是完善的,甚至是绝对的,相互没有区别,因为各种事物仅仅由于它们在本质和形式方面有别而被设定的不完善性和界限,才区别开来;①但在那种十全十美的本性中,形式总是类同于本质,因为只有对于有限者而言双方之间才存在着某种相对的差别,而有限者在其自身却不是作为有限东西,而是作为无限东西被包含在十全十美的本性中的,没有了形式与本质的任何区别。

但因为有限者尽管在实在的意义上完全类同于无限者,然而在观念的意义上却并不停止成为有限的,因此在那种统一中,仿佛又包含了一切形式的差别(Differenz),只不过在那统一本身中差别还与无差别状态(Indifferenz)不分离,只要就它们本身而言还不可区分;然而这就使得每个事物为其自身而从那统一性中得到了自身的一种生命,而且在观念的意义上看,它还可以过渡到一种有区别的定在中去。在这个意义上看,宇宙仿佛在一个无限多产的胚胎中睡眠,它形态充沛,生命丰富,充满了它那照时间来看无穷无尽,却在这里直截了当地临在的种种开展状态;在那永恒的统一中,过去与未来这双方在无穷的意义上为有限者而存在,它们在这里共属一体,不可分离。啊,朋友,关于

---

① 德文处理长句子时的句法与中文有所不同,分号前的半句话看起来似乎不完整,只有"但在这种绝对的统一中",没有后话了,但只要撇开从句,直接连上分号后的半句来读,就没问题了。与此相似,德文中偶尔会出现用分号甚至句号将一个完整的意思(尤其在表示转折的地方)割裂开的情形。——译者注

有限者在那种我们也可以称之为理性永恒性(Vernunftewigkeit)的绝对永恒性中该如何加以概念性把握,与此同时它又不会为其自身而停止成为有限的,这一点我早就讲得够清楚的了。因而如果说有限者尽管为其自身而言是有限的,那还是在无限者那里的情形,那么它作为有限者,即便不就无限者而言,而是为其自身而言便是观念东西与实在东西的相对差别,而且随着这种差别一道首先就设定了其自身与它的时间,此后还设定了万物的现实性,而万物的可能性则被包含于有限者自身的概念中。

然而这个意思你还能直接从你先前认可的一点中看出来,即思维与直观的统一处处临在,是普遍的;由此可以得出,没有任何事物或东西能在没有了这种不可分性的情况下存在,而且没有任何事物能在没有了思维与直观的特定的类同性的情况下成为这一个特定的事物;而你如果把后者规定为差别,却把前者规定为无差别状态,那就不存在任何东西,在它那里差别不是作为直观的表现被遇到,无差别状态不是作为思维的表现被遇到的,虽然我们所谓的身体符合前一种情形,而我们所谓的灵魂则符合后一种情形。

这样一来,在无限者那里的那种无时间的有限性中,一切直接就通过它们的存在而被永恒性涵容在内的事物,也都在各种理念中有了生机,而且或多或少都能够产生一种状态,通过那种状态,它们为其自身,而不是为永恒者,而脱离永恒性,达到时间性的定在。那么你就不会相信,个别的各种事物、生物的各种形态,或者你通常区别开来的什么东西,真的就像你见到的那样四分五裂,是以在其自身且为其自身的方式被包含在宇宙中;情况毋宁是,它们只是在你看来才是自行分离开的,但对它们自身以及每个东西而言,都是那个东西在多大程度上与统一相分离,统一便在多大程度上自行显露;比如你见到的那块石头就与万物都处在绝对的类同性中,对于它而言也就没有任何东西分离开来,或者步出那闭锁的暗夜之外;相反对于在自身中就有生命的动物而言,它的生命越多或越少个体化,大全(das All)就越多或越少开启自身;最后,在人类面前,万物便倾囊倒出其珍宝。如果撇开那相对的类同性,你就会看见万物又重合于一。

IV, 260

但你似乎并不认为,正是这一观察使得我们确信,一切东西的定在如何能从同一个根据出发被洞察,因而只有唯一的公式可以用于认识万物,即每一个事物都是凭着有限者与无限者之间相对的对立而从大全中分离开来的,但在它自身中就孕育着永恒者的印记甚或摹本(由此它便将有限者与无限者结合起来);这一点的原因在于,由于有限者与无限者、实在性事物与观念性事物的完善统一便是永恒的形式,而这统一作为形式同时又是绝对者的本质,因而那个事物在达到了那种相对的统一的时候,便具有了一种假相,仿佛在它之中理念也就是实体,形式也就是直截了当实在的东西。

因此一切有限者的规律就可以完全普遍地从有限者与无限者的那种相对的类同性和对立中洞察出来,这类同性和对立虽然是在其活跃地起作用的时候称作知识,但在各种事物上表达出来时却是知识中的那同一种规律。

然而这个意思我只是普遍性地讲的,倘若某人在没有将其运用到个别事物之上时感到还不太明白,那我不会感到惊奇的。

在我看来,现在关于可见的宇宙,以及各种理念的形体化(Körperwerdung),是必须作这般理解的。

在你所谓的直观自身那里是没有任何差别的,只有就其与思维相对立而言才有所差别。现在在其自身且为其自身看来,它不受一切形式与形态约束;它能接受一切形式,在那自永恒以来便带有事物的一切形式和差异的无限思维那里受孕之后,却又能无限地与无限思维相适应,与它结合为绝对的统一;在那绝对的统一中,一切多样性都自行消灭了,而由于它包含了一切,正因此便没有任何可区分的东西可以被包含进来。因而只有就个别事物本身,而非就思维与直观在其中如你所说的那般合一的那个东西而言,直观和思维才分道扬镳,形成对立(因为只有在个别事物中,直观才不符合思维);但当它们分道扬镳时,便将双方在其中合一的那个东西,即理念引入时间性中,那时时间性便显现为实在东西,而不是它在彼处为第一位的东西,在此处为第三位的东西。

但在其自身而言,思维与直观都不服从于时间性,它们中的每一个都只是由于与另一个的相对分离和相对结合而服从于时间性的。因为正如已从古人那里流传给我们的教导所说的,在万物那里接受差异的东西是母性本原,但概念或无限的思维是父性本原;然而源于这双方的第三者却是产生出来的,也便具有了一个产生者的存在方式,然而它又同等地分有了双方的本性,并在自身中以短暂的方式将思维和存在又结合起来了,它以欺骗性的方式模仿它所源出的那种绝对的实在性;但为其自身而言,它必然是个别的,在此意义上是个别的,而它之所以是这个确定的东西,那仅仅是由于实在性事物和观念性事物的相对的对立;形成对立的这两者中没有任何一方是为其自身而存在的,而每一方都因为另一方而成为可朽的,也便将事物本身,或者说将时间性的实在一面流传下来了。

因而产生出来的东西必然存在,而且它进至无穷地是有限的,但它仅仅在关联中才如此这般存在。因为真正说来,有限者永不为其自身而实存,毋宁说只有限者与无限者的统一才为其自身而实存。因而那有限者为其自身看来,凭着使它得以成为实在之物的东西,又成为这种统一本身,然而凭着这统一的形式方面的因素,则成为有限者与无限者的相对的统一。现在看来,一个事物越是完善,便越是努力在其有限的一面中表现出无限者,于是在这个意义上尽其可能地使那在其自身有限者类同于那在其自身且为其自身无限者。现在看来,有限者在某个东西上越具有无限者的本性,它也便越具有整体的不可消逝性,越能持续和存留,在自身就显得越完善,也越不需要它外部的事物。

IV, 262

星辰和一切天体都是如此,它们有关上帝之内的一切事物的理念是最完善的,因为它们最多地表现了上帝中有限者在无限者那里的存在。

但要把天体当成每一个事物最初的统一,从这种统一中才以同样的方式产生出个别事物基于天体之上的这种多样性和分离状态,正如从绝对统一中产生出万物的无限多样性一样。那么因为每个天体不仅努力在自身中呈现整个宇宙,也真的呈现了它,所以它们全都像一个有机身体一样,虽然能经受无限的变迁,在其自身而言却是不朽的和不灭的,此外还很自由,就像各种事物的理念一般独立,无拘无束,自足无缺,简言之,就像极乐的兽类,和有朽的人类比起来就像不朽的诸神。

但要理解它们是如何像这般存在的,还要注意下面的要点。

每一个事物的理念都是绝对的,摆脱了时间,真正是完善的。但在现象中将事物那里的有限者与无限者结合起来并产生出那种衍生的实在性(前面我们已经谈过那种实在性)的,却是理念本身的直接摹本;正如理念不能容忍差别一样,这摹本也永远以相同的方式将普遍东西设定到特殊东西中去,将特殊东西设定到普遍东西中去。虽说它在其自身直截了当地就是统一,既不是产生出来的,也不受什么条件的限制,但却是在与对立的关联中才产生统一的。

现在看来,如你所知,对立便是有限者与无限者的对立。而有限者本身与无限者的关系虽然①又像差别与无差别状态之间的关系。

但为其自身而言,有限者却没有任何实在性,它与实体的关系毋宁是,它乘以它的平方之后才等于实体。但我以它的平方

---

① 正如前面的脚注中说过的,德语中的"虽然"(zwar)和"但是"(aber)常常不在一个句子中出现,而分别落于前后两个句子中,有时甚至在前后两个段落中,这里就是如此。——译者注

所指的东西,你从前面所说的内容中虽然已经能猜出一二,后面还会更清楚的。

无限者也就与我们所谓的各种事物那里的有限者相对立了。那么无限者就其直接与那有限者相关联而言,也就只是这种有限者的无限者:并非一切有限者的无限的统一,而是这个有限者的相对的统一,或者是作为这有限者的灵魂而直接关联到它之上的概念。

通过统一与对立在其中密不可分的那个东西,在每一个有限的事物中作为特殊东西的有限者而与之结合起来的这个作为普遍东西的相对的统一是那种东西,事物通过它而从各种事物所构成的大全中分离开来,并坚守它的分离状态,永远保持为这一个,与其他事物相区别,仅仅与自身相类同。

但在其自身且为其自身的无限者,要能成为这个有限者的无限者而排斥所有其他的有限者,其首要的条件便是,这个有限者本身直截了当就是有限的,而不是无限的。

但这里在与有限者的关联中被设定下来的不仅仅有无限者,还有将双方结合起来,而且我们假设其为永恒者的一个摹本的那个东西。

虽然有限者和无限者变得绝对类同了,从有限者、无限者和永恒者[1]与有限者的关联中产生的却是空间,是永恒性的那种永远宁静的、从不运动的形象。但概念是直接与有限者关联起来

---

[1] 有限者、无限者和永恒者是个别事物身上兼有的三个因素。谢林将它们视作"三一体"(Drei-Einigkeit)(见本书边码第293页),在后文中常将它们一并提及。——译者注

的,它在事物身上通过第一个维度,或者说通过纯粹长度(die reine Länge)被表现出来。因为线(die Linie)在广延中符合思维中的概念,这一点你首先也是从如下现象才认识到的,即它为其自身来看是无限的,而且在其自身中并不包含有限性的任何根据,进一步说是从如下现象才认识到的,即它是从空间的大全那里发生的最高和最纯粹的分离活动,是一切图形的灵魂;因此那些没有能力将它从大全中推导出来,或使之从大全中产生出来的几何学家便为它张本,仿佛是为了表明,它与其说是一种存在,毋宁说是一种行动。

现在看来,那种分离活动仿佛是搅浑普遍性统一的东西,而凭着这种活动,一切都从那万物混同的状态中凝聚为特殊东西;因为既然特殊东西中的统一是一种相对的统一,并与特殊性相对立,那么在统一中也就不可能有主体和客体之间绝对的类同性,而只可能有二者之间相对的类同性被设定下来。

现在看来,在事物身上表现出这一点的是它身上使它自身保持为一的东西,也同样是使之发生整体关联的东西,正如我们看到的,由于本性上的相对类同性,铁就紧挨到磁上,每个事物就紧挨到与它关系最紧密的或最类似于它的本性的东西上。

只是由于相对的统一不可能像在与某一个有限者或与差别的关联中那样实存,那么第二个维度必然与第一个维度结合在一起。

那么你就看到,正如对立与统一的绝对统一是永恒者,因而那种有着统一和对立,而且这二者在它之中被结合起来或分离开来的东西,便是产生出来的东西。因而绝对者的内部格局中的那一幅相互分离的图景,便是三个维度构成的那个轮廓,这三个维度的绝对类同性便是空间。然而这个轮廓通过后果来看会更清楚。

因而我们说,概念就其在直接的意义上仅仅与这个特定的有限者相关联而言,其本身也是有限的,而且只是这个个别东西的灵魂。但它就其自身而言却是无限的。有限者与无限概念的关系犹如根与其平方的关系。现在看来,就概念作为无限的东西而位于事物之外而言,由于事物在其自身中并没有时间,它便必然屈从于时间。

IV, 265　　因为时间是无限思维的一幅不断运动的、永远鲜活的、和谐流动着的形象,而且一个事物的那种相对的类同性本身便在它身上表现了时间。因而当时间变得生机勃勃、无限和活跃,并如其本然地出现时,它就是时间本身,而且它在我们之中就是我们所谓的自我意识。但在事物身上,就无限概念并未绝对与之结合起来而言,那活生生的线只有僵死的表现,但在事物身上通过事物与其自身的统一表现出来的那种活动本身,却总是隐匿于无限者之中。

因而通过这种方式的统一,即通过自相类同,并在这个意义上成为其自身的主体与客体,那事物正如其从属于时间一样,也从属于直线性东西。

然而现在看来,那事物只是为其自身或在观念的意义上而言才是个别的和落于无限概念之外的,但在实在的意义上却只能通过那使其与无限概念结合起来,并被纳入万物的大全之中的东西,才能存在。

现在就那事物单纯坚守与其自身的相对类同性而言,普遍东西和特殊东西与它结合起来的方式,正如线与角,因而与三角形结合起来的方式一样。

但就那事物与各种事物的无限概念结合在一起而言(后者与它身上的有限者的关系有如平方与其根的关系),那概念只能作为那有限者的平方而与之结合起来。

然而只有通过普遍东西与特殊东西在其中绝对合而为一的那个东西,概念才能与有限者结合起来,而那个东西为其自身而言,如你所知,是无法涵容任何差别的;因而前述那个事物由于本身只是通过普遍东西与特殊东西的对立才实存着,便与那不具有对立的太一并不类同,或者说它本身在与太一分离开的情况下,毋宁与太一处在差别关系中。因此就太一与那个事物的关系而言,太一不是实存着的、显现着的东西,而是实存的根据。

但如果平方被乘以它的根,就产生了立方,后者是理念的感性摹本,或者说是对立与统一的绝对统一的感性摹本。 IV, 266

然而你按照下面的方式也会进一步理解这一点的。

表面看似实在的东西,可能就像真正实在的东西一样,只是一个将无限者和有限者结合起来的东西。因为不管统一还是差别,它们为其自身而言都是单纯观念性的规定,而且只有当其在各种事物上被无限者与有限者的统一表现出来时,它们在那些事物上才是实在的。现在由于在各种事物上那种统一是通过第一个维度,第一个维度又是通过第二个维度呈现出来的,那么两个维度的统一就必定通过那样一个东西才最完善地表现出来,在那个东西中这两个维度自行消散了,那个东西就是厚度(die Dicke)或深度(die Tiefe)。

现在看来,虽说有那样一个本原,各种事物与之呈现差别关系,它还将灵魂或者说将无限思维在各种事物上的那个表现与身体结合起来,那个本原就是重力(die Schwere);然而各种事物只有就时间并不落于它们之中,而且还在它们之中活跃不已而言,才服从于重力。但只要情况如此,它们就是独立的、活跃的、自由的,甚至像天体一般绝对的。

然而重力(因为这一点不可不预先加以了解)不停地将差别纳入普遍的无差别状态中去,它在其自身是不可分的,因而当一个感性物被切分的时候,重力却并没有被切分,它在其自身既没有被增多也没有被减少;此外由于它的本性就是空间与时间的无差别状态,那么它就不可能与这二者中的任何一个相对立,而且既不会随着空间(它是差别的表现)的增大而减小,也不会随着空间的减小而增大。还有,一物越是与大全相分离,那么在观念的意义上看来,虽然在它之中就越缺乏回到万物之统一的那种要求或努力,但重力却没有因此而改变,而是静止不动地对万物保持类同。

现在看来,对于单纯直线性东西和有限的概念而言,将各种事物确定下来的是无机的部分;但赋予它们形态的东西,或者对于判断和对于将特殊东西纳入普遍东西之中而言,将它们确定

下来的则是有机的部分;但使它们能表现出普遍东西与特殊东西的绝对统一的东西,则是理性的部分。 IV, 267

因而每一个事物要成为现实便必不可少的东西,可以通过三个层面或潜能阶次被表现出来,这就使得每一个事物都以其自身的方式将宇宙呈现出来了。

然而在个别事物身上第三位的东西在其自身而言却是第一位的东西,这一点我们前面已经确定下来了;为其自身而言最高的纯净性、纯而不杂的明晰性,在各种事物身上被我们此前所说的统一与对立(然而如果那统一与对立是活生生的,也可以称作自我意识与感情)弄浑浊了。

然而实在的维度唯有理性,它是永恒者的直接摹本,它却只有在与差别关联起来时才是绝对空间。但相对的统一以及对立,由于——正如已经说过的——是单纯的形式规定,它们恰恰是通过将统一弄浑浊,填充了空间,才产生出纯粹的统一。

然而迄今为止,我已探讨了使无限概念落于自身之外的那些不太完善的事物的大部分事情,如今则要带领你们转而考察更完善的事物了,别人虽然称它们为天体(Weltkörper),我们却想称之为深思熟虑的和聪慧明智的动物(Thiere)。因为很明显,它们的时间是它们生来就有的,而无限的概念则作为灵魂被赋予它们,那灵魂引导和安排它们的运动。

也就是说,在它们身上那种自身有限却又将无限者呈现出来的东西中,它们表现了作为理念的理念,而且还过着一种绝对而神圣的生活,而不像服从于概念的那些事物一样过着一种依赖性的和有条件的生活。

但正如在有限者(它自永恒以来就处在那在其自身且为其自身而言无限者近旁了)中,可能包含了无数的无限丰富的东西,后者本身又构成了使无数事物的力量结合起来的那种统一,这一点依照我们前面也已经确定下来的东西来看,并不是你不可捉摸的。然而依据太一从最高的统一那里自行分离的那同一个规律,太一(其本身又生出无限多的事物)也分裂了那最初的统一具有的完善性,并在无数的东西中呼出它自身得自上界的气息。

IV, 268

在这个意义上说,存在着的一切都有某种统一,它们源自这种统一,并通过它们自身中有限者与无限者的相对对立而与这种统一相分离,然而即便这种统一也源自更高的某种统一,后者含有被涵括于它之中的万物的无差别状态。

现在看来,一个事物或者在其自身中就有存在,其自身就是实体(这种情形只有当有限者在这事物中与无限者类同,使得有限者即便分离开来,也还是在自身中呈现出了宇宙时,才是可能的),或者其自身并不是实体,这样它就不断被迫进入它唯一能存在的那种状态,于是被迫回到它所源出的那种统一之中。

现在看来,一个事物身上纯粹的差别,或纯粹的有限者,一般而言便使得一种理念的假相落入空间之中;但它是真正的理念的那样一个部分,它的三次方才等于真正的理念;而且进一步说,由于那种差别的大小也规定了一个事物在空间中距离它的统一的摹本的远近,因而这个远近与充塞空间的真正摹本的比例,就等于纯粹差别与理念本身的比例。

但距离或者是实在性的,或者只是观念性的;然而如果一个事物本身并非实体,距离就总是观念性的,因为即便多种多样的事物,当你看见它们结合为像地球这样的一个整体,它们也都是依着作为统一的地球而存在的,然而它们中的每一个在一定的距离之外都是有重量的,这就决定了它们的特殊重量的大小。

现在时间这个活生生的统一便如你所知的那样,在重力中被与差别结合起来了,但从统一与差别的结合中产生了时间的尺度,即运动;因而当一个事物在其自身中没有实体时,它就必然会朝向使之具有存在的那个东西运动,这就使得运动的时间不等于距离(它是差别的感性表现),而等于距离的平方,因而反过来说,当它朝着它在其中得以存在的那个东西运动时,所需的时间是减少了,而空间则等于时间的平方。

IV, 269

现在谈谈更完善的东西,它在其自身中就有存在和生命,这样一来,差别,或者它身上纯粹有限的东西,并不停止在概念上与无限者相对立,虽说在实在的意义上或者就实体而言,它与无限者是绝对类同的。现在看来,就它在观念性的意义上与无限者相对立而言,无限者与它的比例等于它的平方,就此而言它也规定了它作为其内部的有限者而存在的那个东西与统一的摹本拉开距离的那条线路。但在实在性的意义上,或者就那自身便是生命的东西而言,有限者在如下意义上与它内部的无限者结合在一起,即无限者不再是有限者的平方,而是完全类同者与完全类同者的那种关系。

而有限者本身又只有通过下面这种方式才能成为实体,即它在事物内部产生距离的那条线路变成活生生的,但那线路只有通过如下这种方式才能变成活生生的,即差别或事物身上的纯粹有限者变得与无限概念相类同,而无限概念由于是时间,便使距离统一起来,使距离成为循环。

各个天体层面的时间就是以这种方式被植入这些层面之中的,但它们本身却由于它们的天体本性而必须通过循环运动成为大全的形象,这个形象在一切自然界中自行扩展,却又总是回到它的统一中来。

因为使得它们从它们的统一的摹本那里分离开和拉开距离的东西,和使得它们被接纳到无限概念中的东西,在它们之间并非像地球上的各种事物中那般分离的,或者像在相互冲突的力量中那般分别开的,而是和谐地结合起来,而且正如它们单独就是真正不朽的,它们也单独在那分别开的定在中享受宇宙的极乐。

IV, 270 但在它们的循环(这循环就是一切对立的消除和纯粹的统一,是绝对的独立性本身)本身中,它们呼吸着真实世界的神圣安宁和第一推动者的庄严气息。

啊,朋友,请注意一种神圣的理智似乎为我们揭示出的那些规律的含义。

一个独立而与上帝同俦的东西是不从属于时间的,反而迫使时间低三下四,臣服于自身。进一步说,有限者在其自身与无限者等量齐观,它克制了强大的时间,使得时间不是在乘以其平方根，而是在乘以其自身①之后，就与真正的理念相等了。从对时间的这种节制中，产生了时间的天体尺度，即那样一种运动，在其中空间和时间本身被设定为完全相等的一些大小，这些大小乘以其自身之后，就产生了那种神圣的东西。

因而请将循环本身设想成完全齐备的、单纯的，不要设想成聚合起来的，而要设想成绝对的统一；那使得一个事物维持统一并整个地被称作重力的东西，以及那使得事物在其自身中存在并被视作重力的对立面的东西，都是上述绝对的统一的一些完全相同的形式，这两种形式是同一个整体，是一个事物；因为一个事物既不能当其维持统一的时候，与这统一拉开距离而在其自身中存在，也不能当它在其自身中存在时，由于它之中的有限者与无限者绝对结合起来而维持统一；然而一旦以这种方式结合起来，有限者与无限者就永远不会分离，也不会以任何方式分离，而我们在被推动者身上也能区别开来的东西，从来都不是二者中的一个或另一个，而总是且必然是有限者与无限者的统一本身。

因而没有任何天体层面会由于除了它自己天生的卓越性之外的任何东西而从它的统一那里拉开距离或被那统一结合起来；而它天生的卓越性便在于，它懂得使那将它分离开的东西成为绝对的统一本身，又懂得使那统一本身成为将它分离开的东西。

现在看来，如果说由其自身推动的东西以这样一种完全相同的方式，能将在其自身的差别接纳到无差别状态之中，又能将

IV, 271

---

① 即进行平方。——译者注

无差别状态设定于它的差别之中,那么就产生了最完善地表现出理性,又统一了普遍东西与特殊东西的那种图形,亦即圆周。

倘若这种形式是普遍的,那么天体动物①在相同的时间就会划出完全相同的弧线,而你看到个别东西有时在逆着它的统一而动时发生的空间与时间上的那种差别,就会彻底被消除。

只不过那时一切都同样完善了;但在它们内部被揭示出来的那种非天生的美却普遍希望,在那美的载体上能遗留下一点特殊东西的痕迹,以便感性的眼睛也能以这种方式瞥见美,那感性的眼睛沉迷于对特殊事物的认识,而非感性的眼睛则从这种在差别本身中表现出来且不可消除的统一那里回撤,达到了对绝对的美以及它那在其自身且为其自身的本质的直观。

也正是因此,当那种美在天体上向感性的眼睛展示出来时,它希望引导着天体各层面的运动的那种绝对的类同性在两个分离的点上显现,那两个点虽说都表现了差别与无差别状态的同一种统一,但在其中一个内部是差别类同于无差别状态,另一个内部则是无差别状态类同于差别,因而真正的统一是照事情本身,而不是照假相而言临在的。

在这个意义上看,首先发生的是,天体各层面沿着一些线运动,这些线虽然像圆周一样会回转到其自身,但不像后者那样只是围着一个中点,而是围着两个分离的焦点划线;这两个焦点相互维持平衡,虽然作为两个焦点的源头的统一的那个发光的摹本填充了其中一个点,另一个点就其本身便是大全,且是绝对而

---

① 谢林在前文中曾将天体看作动物。——译者注

独立的而言，却表现了每个事物的理念；这样一来，在差别本身中，统一和每个事物自身的厄运就被认识到了，那就是作为特殊东西又要成为绝对的，而作为绝对的却又是一个特殊东西。　　IV, 272

只是由于差别仅仅对于现象而言才存在，但真正说来或在其自身而言却根本不会是任何差别，因而那些天体受造物就接受了一种真正神圣的技艺的教导，此时要缓和与维持它们运动的轨迹，彼时要更自由地顺从它们惯常的本能，而且——按照这种方式，各种时间和空间就又类同起来了，而那仅仅通过与天生的时间相类同而活跃起来的距离也不会停止其活生生的状态——在更大距离中，在相同的时间内划过更短的一段弧线（而在那样的距离中，在更短的时间里是会划过更长的一段弧线的）。

通过这种在差别本身中保持类同性的超凡技巧，星体的轨迹在表面上看虽说是一些被扬弃了的圆周，然而真正说来和照理念看来所划的却是正圆轨迹。

啊，朋友，但我此前就天体运动的秩序说到的这一切，倘若依照对象的地位来加以探讨，那就会引着我们超出这项研究预计要关注的东西之外了。然而我们在下文中同样可以讨论那些事物。但没有任何凡俗的探讨能恰如其分地颂扬天体的智慧，或者测定在那些运动中被直观到的理智的深度。

啊，朋友，但你希望我说出星体的秩序、数量、大小和其他各种可认识的特质是依据什么规律被规定的，那么我要说，关于秩序，同样的物质虽然处在整体中（只是这整体在多方面经过了改变），但在整体内部形成了两个不同的区域；其中一个区域由那样一些天体层面占据着,时间以比其他层面更完善的方式与这些层面结合,而且这些层面的统一最近乎绝对的统一,另一个区域活动着其他一些天体层面,它们自身中的时间不那么完善,它们也不那么独立。

IV, 273　　而由于时间活跃地与之结合起来的每一个事物,也有着外在的表现,那表现就是线,而与物质结合起来而言就是整体关联和坚固性,这样看来,即便在那些较完善的层面中,时间的印记——线——还是首先刻在了每一个事物身上,我们将那线称作它的轴,而它的端点则被称为南极与北极;但即便整体也带有这样的特征,即所有部分一起构成了一条共同的线,而且依照它们在这条线上占据的位置的不同,而表现出与其自身更大或更小的整体关联程度和统一程度,但整体最外端的那些点又表现出南极和北极的特征。

因而那些在整体上呈现出南极与北极的结合的天体层面,就是由更坚固和更持久的质料造成的;这些天体层面在其自身内部的布局却是,在那结合的内部,天体的一切区域都结合在一起,但每一次结合都是通过三个星体呈现出来的;其中一个星体离统一的那个摹本最近,它属于一方,而第三个星体或最远的星体则属于对立的一方,但中间的那个星体则呈现出上述双方在这个结合中的无差别状态;这样一来,三方中就没有任何一方在本质上与另外某一方是不同的了,处在这种结合内部的所有星体的数量可能有12个。

现在这些星体被赋予了最完善的运动。但正如这些星体整体来看呈现出南极与北极的结合,然而那些占据了第二个区域——东西向区域——的星体的情形却是,在这个对立本身内部,天体的一切区域——天体在每一个有形物体上都必然将这一切区域表现出来——都交织和结合起来。

这些星体在自身中具有了某种统一,而那种统一正因其最不与绝对的统一相分离,所以最不是绝对的,恰恰因此这些星体就多多少少偏离了最完善的运动。但要找到它们那以大比例增长着的总数的规律,这恐怕对于所有人都是不可能的。

进一步说,那些在自身中就有着更完善生命的星体,若论它们之间的距离是按照什么秩序增长的,一个善于深思的人从我们前面已经探讨过的东西中就已经能够把握这个问题了,如果他了解三角形的秘密,那就更容易把握了。 IV, 274

但要说到质量和密度,那么满足那天体技艺的情形就是,整体上看,最大的质量具有了中点,但密度最高的东西则最接近万物的统一和那统一的摹本,但个别地看,却也总是在具有同一秩序的三个星体的格局下存在,这其中又分为一个以密度最大为特征的星体,随之而来的是一个以质量最大为特征的星体,而随着后者而来的还有那样一种星体,它在运行的时候,在这三者中是偏离圆周最远的。

但普遍而言,关于最后那种星体,有如下规律。

事物在宇宙中一般或多或少是完善的,这取决于它们吞入的时间的多少。但一切只要能与其他事物区别开来,就都有时间被吞入其中。

因为我们可以这样说,虽然①在个别事物身上,对时间的表现都是线或纯粹的长度,因而那在其自身最完善地表现了长度的事物,比起一切单纯有形的和个别的事物来,它在其自身对时间的表现也是最完善的。但如果个别事物有那作为时间的时间活生生地、活跃地与之结合起来,那么在它的概念中也必定或多或少地包含了其他各种事物的可能性。因此我们看到,那种古人虽然称之为赫拉克勒斯石,后人却称之为磁体的石头,尽管显得是个别的,却有了对它所推动而且或吸引或排斥的其他各种事物的认识和感觉;进一步我们还看到,个别事物对季节的更替也并不陌生,仿佛候鸟一样,季节的更替引导着候鸟飞往另一个天带②;而且个别事物也是时间的一个指针,并且与各种星体相似,只不过是以不那么完善的方式和受制于它外部的统一的方式,具有它的年代和时日的。然而如果它并不是以完善的方式吞入时间的,那么此事的根据就在于它的身体或它身上的纯粹差别所具有的不完善性。

因而首先一个事物所结合的时间越多,它就越不需要它外部的那种统一(因为它本身就是统一),但它也越不可能属于那些最服从于重力的和最致密的东西之列。也正是因此,那些最致密的事物就是以不那么完善的方式在自身中具有时间的,它们在自身中最少具有时间,也最少具有个体性,且最少与统一相分离,因而也较少服从于重力(重力从事物那方面是要求某种差

---

① 这里的"虽然……但……"的结构也是分布在两个句子中的。——译者注
② 天带(Himmelsstrich)是一个古旧的地理学概念,谢林时代的人们认为天上的区域与地上的区域是相应的,有时单指相应的地上区域。——译者注

别关系的)。

如果将这一点运用到星体上,你就会理解,有那样一些东西,时间最完善地被植入其中,因而它们是最卓越的,也在它们的运动中将它们之间的类同性最完善地表现出来,为什么它们属于不那么致密的东西;你也会理解,为什么那些在其自身中以不完善的方式具有时间因而密度最高的东西,会比前一类东西更偏离最完美的运动;最后还会理解,为什么那些在自身最少表现出时间、形式和形态,又最偏离最完美运动的东西,也是最不致密的东西,这不是因为它们不太需要统一,而是因为它们最不与统一相分离。

天体事物在它们于其运动中模仿最美图形方面,其完善性程度各各不同,而这里就是被感知到完善性程度上的种种差异的秘密之所在。

现在看来,当一切照尺度和数量来看都如此这般以最完美的方式被安排,每一个层面也都被赋予了某种双重的统一(通过第一重统一,它自身就是绝对的,而且最近似于有限者与无限者在上帝中的那种最完善的结合——我们可以将这种结合的理念称为绝对的动物——因而是有机的、自由的和活生生的;通过另一重统一,它在绝对者中,而且与它身上的差异一道,就被接纳到统一之中了)之后,进一步说,由于天体的智慧乐见这两种统一只有在差别中才维持其类同性,那么随着这差别一道,分离同时也会被包含在那样一些事物中,它们仅仅作为差别也能够被接纳到无差别状态中,而且因为在其自身中具有时间的那种不

IV, 276

完善的方式,就完全服从于重力,显得僵死而无生机;随着差别一道,分离也会被包含在那样一些事物中,它们中的差别本身就会是无差别状态,而且由于在其自身中以更完善的方式具有时间和生命,会是活生生的和有机的;而各个层面的那种使它们自身得以成为大全,使得它们自身自由而合理的统一,也就以最完善的方式被一切个别东西表现出来了。

在这个意义上,当那种早已预定要在另一个事物中存活的事物自行从各天体层面的整体分离开来时,各天体层面也就挤满了曾被包含于最初的统一中的生物,一切种类、各种完善程度的生物都有,但这种现象却是由于那个使各天体层面的轨道多多少少偏离圆周的决定。

现在看来,一个层面越是完美地将那种使其成为有机之物的统一和那种使其成为无机之物的统一结合起来,它就越是必然接近运动的原型。

但在万物的中心,在万物的统一的那个摹本上,燃起了不朽的光,它是万物的理念。原因在于,由于作为形式并类同于实体的理念,的确就是它本身,那么在宇宙万物依照实体而言于其中合为一体的那个地方,万物的理念也就必定表现出来。这样一来,为了使本质与形式的那种统一显而易见,天体的技艺如此这般创造那种星体,使得它彻底成为质量和光,成为世界的发源地,或者像其他人说的,成为宙斯的神圣卫所;但由于它本身得自于某种更高的统一,而且就其是一个个别东西而言,它便会通过它散布于它的光芒之外的那些黑暗的地方,将它身上犹存的差别表现出来。

但由于光作为理念,同时也是空间和时间的无差别状态,那么下面这一点就会进一步被规定下来,即它首先是朝着四面八方划开空间的,而又没有填满这空间,而且由于它成了时间的火炬和指针,也成了年与日的尺度,也便照亮了万物。

IV, 277

因为太阳除了是包含于它的宇宙中的万物的无差别状态之外,其实还不断追求与在围绕着它运动的其他那些层面上作为纯粹差别而存在的东西发生整体关联,追求通过这些层面来延续它自身的相对统一,通过它们使自身继续生长,而且——简言之——在这个意义上与这些层面合而为一,就像一个事物与其自身合而为一一样。

只不过一个事物天生带有时间的方式越完善,它就越能自相类同,因而我们看到,地球也在它上面的那种僵死的东西身上(后者表现出活跃的时间的印迹),通过概念的统一,通过线将差别结合起来,而线则是它的自我意识的表达,而且在现象中作为轴表现出来,我们将那轴的端点称作南极和北极。

在按照这种方式将自身中的特殊东西与普遍东西结合起来的时候,地球逆着太阳,努力将特殊东西设定为特殊东西,也致力于与它自身那里时间的表现结合起来。

现在由于地球和其他每一个层面都在经度方向上设定了与其自身的相对的类同性(这种类同性在于,在它们那里差别与概念结合起来了),那么太阳在试图将它的概念与它们中的每一个的特殊东西结合起来时,也就在纬度方向上产生了某种类似的相对统一。

但由于每一个层面都通过它自己的生命抗拒这种努力,那么首先就产生了日与夜(因为太阳的那种努力使得每个层面自己绕着自己运动),但由于每一个层面的天生的和活跃的时间都没有被设定为与该层面所服从的时间为同一的和相等的,那么一年也就被许多日分离并阻隔了。

IV, 278　因为如果太阳按照这种方式与某个层面合一,就像一个事物与其自身合一那样,那个层面在自转一圈的时间里也就完成了它围着太阳的公转,那么一年也就等于一日,在一半的地面上就既看不见太阳的容貌,也不会像我们一样看到亮光,以至于我们称作卫星的那些较低的层面总是把同一面朝向与之发生整体关联的那些层面,而且它们自转的时间与围绕后者公转的时间相同。

地球具有的差别仅仅因为与地球的概念和灵魂结合才具有活力,这差别与太阳的相对统一结合在一起,但它将会经受住彻底的死亡。

因而正如我们描述过的,宇宙就是以这种方式与其自身交织在一起的,而且越来越追求与自身相类似,追求成为一个身体和一个灵魂。

但正如在一个动物中,灵魂分化为多种形态的肢体,这些肢体中的每一个都从这动物中获得了其特殊的灵魂,而且所有个别部分虽说与整体结合在一起,却为其自身而活着;同样在宇宙中,为了在杂多中保持为一,又在无限性中成为有限的,它的每一个部分都被赋予特殊的时间,但整体却是从上帝那里摹写而成的,使得这整体以绝对的方式在其自身中具有时间,因而其本身不处在任何时间中,并且是那样一种形制的动物,即它不会死去。

啊,朋友,现在看来,我们曾将一切有形事物的永恒理念称作光了。现在如果一个事物身上的有限者与无限者相类同,那么在它身上也就表现了理念或那样一种绝对认识,在那种认识中没有思维与存在的任何对立。进一步说,在这样一种事物身上形式就是实体,实体就是形式,二者不可分。

但一个事物越是个别的,越坚守它的个别性,它就越与万物的永恒概念相分离,后者在那落于它之外的光中,正如无限概念落于时间之中;但那事物本身却属于那种东西,它并未存在,而是实存的根据,那种事物属于古老的夜、万物之母。

现在看来,以感官之眼看到的光并不是思维与存在的无差别状态本身,并不是直截了当地看到的,而是就其与某种差别——如地球的或另一个层面的差别——相关联而言的无差别状态;现在如果地上的一个物体与地球的大全相分离,它就必然是不透明的,但分离的程度越低,它就必然越透明。

但谈到生机勃勃的程度,我要说的是,一个事物处在某种关系中,当它在其自身内具有时间和光时,它也就是生机勃勃的。

现在看来,作为形式的形式并不是事物的灵魂,而是当其越完善时,便越类同于实体;但事物的概念却是灵魂,这概念虽然是在有限的意义上看到的,却注定了也只是个别实存着的事物的灵魂。

宇宙中也有极多的因素落于每个事物的灵魂中了，因为这事物是由宇宙呈现出来的。现在正如我们所知，单纯的有形事物必然且进至无穷地是一个个别东西。

反之，在有机物身上光和形式成了实体本身，有机物在其概念中就包含了落于个别东西之外的无穷多的事物的可能性；据说这就是有机物自身通过繁殖而在无穷的生育中达到的可能性，或者其他那些与它不同又通过运动与它结合起来的事物的可能性，或者说到底是其他一些与它不同却又在它之中的事物的可能性，因为它本身吞入了那样一种理念，那理念在与某种差别的关联中成为直观者（das Anschauende）。

只是由于有机物虽说在其自身中就具有无限概念和生命，但却要从外部得到每次与那概念和生命相应的差别，从那里得到生命的条件，那么有机物因此首先便成了依赖性的、贫乏的，然后也可能生病，服从年龄支配并且是有朽的，这就使得有机物绝不能与天体事物的卓越性相类同。

IV, 280　但有机物以多少不太完善的方式，在自身中具有了使得地球本身成为实体的那种统一，它们将那种统一当作它们的根据，而没成为这根据本身，而且有机物虽然在其行动中是合乎理性的，但却不是通过在它们本身中的理性，而是通过居于宇宙中的那种理性达到这一点的，后者在它们身上表现为它们的重力。

但由于它们是个别的，必然因为含有观念性事物与实在性事物、灵魂与身体的对立而不那么完善，那么它们的一切行动便都以统一为目标，但它们的行动不是通过它们自身，而是通过那引导着它们的神圣本原而实现的。但这神圣本原赋予它们那样一种统一,即与隶属于它们的定在的万物的统一,以至于它们在后面这些事物中感受到自身,并尽一切努力使这些事物与自身合一。这神圣本原也将构造了万物的那种活生生的技艺的一缕光芒照射到它们身上,而且通过或多或少聚合而成的那些行动,教导它们如何到自身之外、在作品中达到它们自身中并不具备的思维与行动的那种无差别状态;因此那些作品就显得合乎目的了,因为其他各种事物的概念或多或少与赋予这些作品灵魂的那个概念结合在一起了。这神圣本原还将存在于整个宇宙、存在于光与各个层面之中的天体音乐(der himmlischen Musik)的一部分植入它们那里,并教导那些注定了要居于以太之中的生物忘我歌咏,回到统一之中。

统一让其他事物更自由,并允许它们与其在自身之外,不如更多地在自身之中具有它,这正如一位多产的和极有天赋的母亲使所有孩子生来就分有她的才能,只不过这个孩子分得多些,那个孩子分得少些罢了,而完全分享自身的只有太一。

但当统一在每一个事物中将统一本身中的东西与差别一道设定下来时,它便使得在它之中原本不可区分的东西可区分了,因为生物的每一个特质之所以产生,都是因为没有任何事物在自身中具有统一的那种完全无差别的状态,而统一由于是一切形式的总括,其本身不可能类同于任何特别的形式。

只是那种不能完全在自身中具有实体的东西,也就不能完全将自身从统一中分离开来,而是只能在统一中存在。关于单纯的有形事物，我们虽然知道它身上只有概念的一种僵死的表现，但活生生的概念却落于它之外，处在无限者之中，而且那事物只有一种在它之外的生命，那生命处在绝对者之中。但在宇宙中，每一种受动的物种都有一种主动的物种与之相应，而每一个动物除了是某个特殊的物种之外，也还分有了绝对者中活生生的概念和某种内在的存在；但也只是分有而已，而且它是以不太完善的方式在它身上的有限者那里表现了无限者的，这样它就不是那进行直观的本原本身，而是在差别关系中与那本原同在。

但当一个灵魂具有那在其自身且为其自身的无限者的本性，身体虽然是有限的，却在有限者中无限地呈现出宇宙，无限者（范型）与无限的有限者（映像）之间的那种原本隐藏于上帝中的绝对类同性，如今就在某种时间性东西中显而易见了。

因而那样一个东西，就它而言灵魂与身体、思维与存在绝对合一，那个东西也就会在其自身具有直截了当地永恒者、不可分者（在其中理念也便是实体）的本质；虽然灵魂在其自身是无限的认识，但灵魂作为这个实存者的灵魂，却会成为在这个实存者中得以表现其现实性的一切东西的可能性。现在看来，我们规定为身体的这个实存者，虽然并非一种有限的存在，而是一种无限—有限的存在，并在自身中呈现了大全，但在观念性的意义上却必然是个别的，因而也必然只能在与其他事物的对立中才能加以规定，那些事物表现出某种有限的或无限的存在，而在身体概念中，或者只包含那些事物的可能性而不包含它们的现实性，或者只包含它们的现实性而不包含它们的可能性。

因而那变得与存在相类同的无限思维,自身作为无限的认识在有限者那里呈现出来;如果就身体必然是个别的而言,无限思维被设想为身体的灵魂,那么它也必然在有限性中显得是无限的,也显得是关于无限认识的个别概念,尽管是最完善的一类个别概念。反之如果在其自身看来,无限思维就不是这个事物的灵魂,而是灵魂本身的无限概念,而且是一切灵魂所共有的。 IV, 282

因而在直接的意义上,既然你将无限的认识,即万物活生生的和不朽的理念,设定为实存着的,那么你——由于此事如果不关联到某一个别事物上便不可能发生——也就再次设定了差别和无差别状态的对立,而且仿佛设定了一种双重的灵魂,即一方面是包含了无限认识的现实性的灵魂,另一方面是包含了无限可能性的灵魂。

啊,朋友,现在如果你有能力证明,随着那种分离一道,虽说不是就绝对者而言,却是像其他一切属于摹写而成的世界的事物一样,就这些事物本身而言且为了这些事物本身而言,同时就有意识被设定下来,然而为了意识,同时还有事物的时间性存在和整个现象世界被设定下来,那么我就会达到你所拟定的那个目标,并从永恒者本身及其内在统一的理念中推导出意识的本源,而不必承认或假定从无限者向有限者的某种过渡。

只不过从前当我们设定运动者和变迁者时,我们还可以将持存者和我们必须设定为不动者的东西固定下来,因为灵魂会不知疲倦地不断转过头来顾盼那最卓越的东西;此后我们也不可忘记,对于似乎从那统一中产生的或者与之分离的一切而言,虽然可能性早就注定了要在那统一中为其自身存在,但分离的定在的现实性却只在它们自身中,然而这现实性也只在如下意义上单纯观念性地、作为观念性的而发生,即一个事物按照它在绝对者中存在的方式,其本身能够成为统一。

那么一个事物不能由绵延(Dauer)规定,因为它是一个灵魂的客体,而那灵魂又是有限的,而且灵魂的实存是由绵延规定的;那灵魂的实存也不能被规定为绵延,因为灵魂注定了要成为某个实存着的事物的概念。因此灵魂就像身体一样不是某种在其自身存在的东西;因为灵魂和身体都只在另一个事物那里才是时间性的,而在其自身而言,双方的统一只在那并不服从于绵延的东西中,在那完全圣洁的自然中,在那里可能性不与现实性相分离,思维不与存在相分离,因而双方的统一是那不被创造,也真正不消逝的原型。因为直接与身体相关联的灵魂并非不朽的,原因在于身体并非不朽的,而且灵魂的定在一般而言只能通过绵延来规定,而且就身体延续而言,灵魂完全由绵延规定了;即便灵魂的灵魂(它与前一种灵魂的关系有如前一种灵魂与身体的关系)也并非不朽的。

进一步说,由于灵魂仅仅通过与身体的相对对立而存在,因而完全不是在其自身存在的,那么灵魂似乎仅仅通过这种对立显现出来,因而仅仅就其是某一种个别的存在的概念而言,才注定要成为定在;但这定在却不是由于与某个事物相结合,而是由于灵魂自身的有限性(由于这有限性,可能性是在上帝中才与其现实性结合在一起,而现实性也是在他之中才与其可能性结合在一起),才就灵魂自身而言落于灵魂之外了。因为作为有限事物的直接概念的那些概念,其状态就像这些事物一样,而且它们也像这些事物一样与那个无限概念对立起来,而且仅就它们在有限性中是无限的而言,才与那个无限概念相适应。

因而正如事物在包含了一种其可能性落于它之外的现实性,或在包含了一种其现实性落于它之外的可能性时,自行设定了它的时间,概念就其直截了当地为有限的而言,也是如此。而正如就各种事物而言,同样也就那些事物的直接概念而言,那种使得每一种可能性直接随之具有并在自身中具有其现实性,使得每一种现实性直接随之具有并在自身中具有其可能性的无限的统一,就在反映(Reflex)中被撕扯开(成为一种因果关系),那么每一个概念似乎都是由于另一个能直观它的直接的可能性的概念,才注定要成为定在,而后一个概念又是由于同样的另一个概念才注定要成为定在,如此以至于无穷。

由此说来,由于有限概念就是有限事物本身,而且与后者绝对合一,那么有限者与无限者的对立也就普遍作为各种有限概念与那个无限概念的对立在一切概念那里表现出来,使得各种有限概念与那个无限概念的关系就像实在性事物与观念性事物的关系,因而观念性事物与实在性事物的差别就是概念层面内部的一种差别。

只不过与其无限概念相分离的和在这种分离中被考察的概念注定要显现为定在,但它的理念,或者与无限者相结合的它本身，便与上帝处在永恒的共同体(Gemeinschaft)中。但就有限概念被分离开，被上帝之中永恒而无时间的东西那里分离出来而言，在有限概念中便只有与它一道从大全那里分离开来的东西，而后者又受到其他各种事物的可能性规定，那种可能性在上帝中才与之结合起来。

但由于每一个灵魂都是处在理念中的那种无限的有机身体的一个部分，那么使得灵魂似乎即便为其自身也要自行分离开，并注定了要成为定在的那种规律，如果我们认出了那规律，它就允许我们至少瞥见那样一个辉煌的世界的和谐，目前我们看那个世界只是像镜花水月一样。

只不过要发现这样一种规律是非常困难的，正如要将它对所有人讲出来是不可能的一样。

但要发现那绝对的世界在有限的认识中勾画自身时所依据的那些普遍规律，这是思维的一个极高的目标。

朋友，现在让我们从那样一个点出发进一步做些推论，尝试达到那个目标，我们先前将那个点刻画为那样的，即在它那里通过将无限认识关联到某一个别事物上，有限者与无限者的相对对立也就在认识本身中被设定下来了。当我们表明，使得各种有限的事物被规定和被区分的一切对立是被那样一种分离设定下来的（那种分离本身只是在永恒者内部，而且并非就绝对者而言，而只是就那为其自身而从绝对者那里分离开来的东西而言，才被制造出来），那时我们也会最稳靠地回到第一位的东西和万物的本源上去。

只有这样,我们才能对我们的事情本身感到确定,我们再简单重复一下我们达成共识的东西,你乐意吗?

琉善:无不乐意。

布鲁诺:那么难道无限的认识只能作为一个事物的灵魂而实存,那个事物在无限的意义上在自身中呈现有限者,因而在自身中呈现了宇宙吗?

琉善:是这样;因为每一个概念,我们说过,都只是由于它是一个实存着的事物的概念,才会实存。

布鲁诺:但那个事物必然又是一个个别东西,而且就其如此这般实存而言,它是服从于时间和绵延的。

琉善:当然。

布鲁诺:因而以这个事物为直接客体的灵魂,也不让分毫吗?

琉善:同样如此。

布鲁诺:因而作为这个事物的概念的灵魂(只不过我们要在后文中才进一步研讨这灵魂),又只是在上帝中无需时间便现实存在的那种无限的可能性的一部分;但落于个别灵魂之中的,却只有其可能性被包含在上述无限可能性之中的东西的现实性。

琉善:必然的。

布鲁诺:然而难道我们就不能假定,灵魂就是无限的认识本身吗?

琉善:诚然,我们可以设定这一点,然而那只是就我们在其自身考察它而言的;然而就它是这个事物的灵魂而言,我们必然要设定其为有限的和服从于绵延的。

布鲁诺:那么我们对灵魂必然有双重的观点了?

琉善:自然如此,因为如果我们只将它设定为与它作为其概念的那个东西相关联的,那么我们就没有将它设定为无限的认识;而如果我们将它单纯设定为无限的,那么我们就没有将它设定为一个实存着的事物的概念,那样我们甚至还没有将它设定为实存着的。因而我们必定将灵魂同时设定为有限的和无限的。

布鲁诺:因而无限的认识只在差别和无差别状态的形式下实存或显现。

琉善:是这样。

布鲁诺:但我们难道也要设定以下双方必然相结合吗:就其与身体合一甚至就是身体本身而言的灵魂,以及就其是无限认识而言的灵魂?

琉善:是通过永恒概念结合起来的,而在永恒概念中有限者与无限者相类同。

布鲁诺:只有这一理念是在上帝中的,然而差别与无差别状态的对立却只在灵魂本身中存在,就灵魂实存着而言。

琉善:也的确是这种关系。

布鲁诺:但你不是说过吗,灵魂从某个方面来看与身体合一,甚至就是身体本身?

琉善:我是这样说过。

布鲁诺:那么你将如何规定被视作无限的那种灵魂与被视

作有限的那种灵魂的关系呢?

琉善:必然又像灵魂与身体的那种关系。

布鲁诺:那么现在我们便是将灵魂与身体的对立置于灵魂本身中了。

琉善:似乎是这样。

布鲁诺:因而就灵魂是有限的而言,我们就必须将必然被归于身体的一切关系都归于它了。

琉善:我们只能如此。

布鲁诺:但就灵魂与身体相关联而言,我们曾将灵魂规定为那样一种可能性,它的现实性是在身体中被表现出来的。

琉善:完全正确。

布鲁诺:照此看来,由于我们将灵魂设定为身体的直接概念,又将身体本身设定为一个事物,难道我们不是必定像把现实性与可能性相对立一样,将那种就其直接与身体相关联的灵魂与那无限的灵魂对立起来,又像把可能性与现实性相对立一样,将后一种灵魂与前一种灵魂对立起来吗? IV, 287

琉善:没有疑问。

布鲁诺:但我们必然将那可能性设定为直截了当无限的,反之将这现实性设定为有限的吗?

琉善:否则还能如何?

布鲁诺:那么倘若我们将前者称作认识的无限概念,却将后者——由于它是关联于某种存在的一种思维——称作认识本身,而且称作客观实存着的认识,你也会感到满意的。

琉善：为什么不呢？

布鲁诺：然而这种客观的认识，由于它作为有限的认识，与身体相类同，服从于通过原因与结果构成的那种结合，它即便进至无穷也必然是某种特定的、个别的认识。

琉善：无可否认。

布鲁诺：但你凭什么认为它是特定的？凭着它之外的什么东西，还是凭着它自身？

琉善：必然是凭着后者。

布鲁诺：因而你在它本身中设定了通过原因与结果构成的某种结合，而且那种结合使得每一个认识都由于另一个东西而成为特定的，后者又通过另一个东西而成为特别的，如此进至无限。

琉善：是这种关系。

布鲁诺：正因此，你就设定了这个系列中的每一个认识都不同于使之得到确定的那个东西，设定它们进至无穷也必然是不同的。

琉善：只能如此。

布鲁诺：你认为那个无限的认识概念是自相类同的、不变的、独立于时间性之外的，不是由我们刚才假定的这样一种结合来确定的。

琉善：必然的。

布鲁诺：因而你就在客观认识和无限认识之间设定了与从前在直观和思维之间设定的关系完全相同的关系。

琉善：似乎是这样。

布鲁诺：然而你恰恰已经将观念性事物与实在性事物的统一设定到思维与直观的这种统一中去了。

琉善：诚然如此。

布鲁诺：那么你就看到，你是在某一个别的点那里看到前一种统一的表现的，仿佛它已被局限于这个点上了似的。然而我们必定越发关注如何规定这个点，以便了解它的地位。因而当你设定直观与思维的统一时，你就必然会设定客观认识与认识的无限概念是类同的吗？

琉善：我是这样设定的。

布鲁诺：但客观认识只有就其被关联到作为它的直接客体的身体上而言，才是有限的，因而只有就其被关联到认识的概念上而言，才是无限的？

琉善：这样推论不错。

布鲁诺：但认识的概念同样是无限的？

琉善：对。

布鲁诺：因而被关联者与所关联到的东西乃是一体而不可分的。

琉善：必然的。

布鲁诺：因而无限者就来到了无限者这里，那么你现在如何看待下面这一点，即无限者来到其自身这种现象显露出来了，或者说这种现象的表现是什么？

琉善：自我。

布鲁诺：你说出了这样一个概念，凭着它，就像有了点石成金的魔法一般,世界展示了自身。

琉善:的确,它表现了有限者与有限者最大的分离。

布鲁诺:然而你们通常还会给出这个概念的哪些进一步的规定呢?

IV, 289　　**琉善**:我们所说的自我,只是观念东西与实在东西、有限者与无限者的那种统一;然而那统一本身却又只是自我自己的所作所为(Tun)。使这所作所为得以产生的那种行动(Handeln),同时就是这所作所为自身,因此它绝非独立于这种行动之外,而只是为其自身并通过其自身而存在的。那些在其自身便永恒的事物也便如此这般进入客观的和时间性的认识,在那里,仅仅由于无限的思维自身在有限者中成了客体,那些永恒事物就受到时间的规定。

布鲁诺:然而无限思维变成客观东西的这个过程是否正是我们所谓的有限者与无限者的统一?

琉善:必然的,因为我们在有限的认识或各种事物中设定的东西,以及我们在认识的无限概念中设定的东西,是同一个东西,只不过是就不同的方面而言的,前者那里是就客观方面,后者这里是就主观方面而言。

布鲁诺:自我便基于这种同时既主观又客观、既无限又有限的存在之上。

琉善:当然。

布鲁诺:这样一来,对于自我而言,有限的和显现出来的各种事物也仅仅通过自我才存在;因为你说过,它们仅仅通过无限者在有限者中变成客观东西的那个过程,才进入时间性的认识。

琉善:这也正是我的看法。

布鲁诺:你看到了,我们是多么高度一致。因而有限者从与它类同者那里发生最大分离的同时,有限者进入统一之中,而且与无限者的那种直接的共同体仿佛出现了。然而由于它一个有限者,那么后者,即无限者,也就只能以有限的方式在有限者内部使得包含在无限者的思维中的无限可能性成为现实,并使那在它之中在无限的意义上预先定型的东西,在有限者中仅仅以有限的方式反射过来。

这样一来,在永恒者中其可能性与现实性处在绝对统一状态的东西,在自我的客观东西中就作为现实性,在主观东西中就作为可能性,分离开来了;然而在作为主观东西与客观东西的统一的自我本身中,它就作为必然性得到反映,这种必然性乃是各种事物的神圣和谐状态的恒久形象,仿佛还是各种事物全都源出其中的那个统一的不动的映像。——现在你也赞同这一点吗?

琉善:完全赞同。

布鲁诺:难道不是正因此,在一切在有限的意义上被认识的事物身上便必定能看出它们源出其中的那个无限者的表现、它们在其中得到反映的那个有限者的表现和无限者与有限者在其中合而为一的那个第三位的东西的表现了吗?——因为关于绝对者中第一位的东西,我们先前已经说过,它在摹写而成的东西中必然成为第三位的东西。——

琉善：你的结论毫无疑问是可以推论出来的。

布鲁诺：因而各种有限事物的规定与规律可以直接被洞察，而无需我们违背知识的本性。因为即便在这个问题上，你不是也赞同我的那个看法吗，即我们不能为其自身将客观认识（Erkennen）称作某种知识（Wissen），正如我们不能将我们拿来与它相对抗的东西称作某种知识一样？

琉善：知识毋宁只在于双方的统一。

布鲁诺：必然的，因为一切知识除了都是一种现实的认识之外，也还必须有这种知识的概念与其结合在一起；谁若是知道什么，也便直接知道他有所知，而关于他的知识的这种知识，以及关于这种有关他的知识的知识的知识（das Wissen um dieses Wissen seines Wissens），便合而为一了，而且直接与那第一层知识结合在一起，一切无穷倒退便都被消除了，因为与知识结合在一起的知识概念（它是意识的本原）便是在其自身且为其自身的无限者本身。

然而为了冲破这种纠缠纷乱的局面，这里逐个考察每一个环节本身，是行得通的。那么你说的是，知识就在于客观认识与这种认识的无限概念的统一。但你先前将客观认识等同于直观，而且宣称这种认识必然是有限的，是在时间上受规定的，而且与思维相对立，截然有别。只是你大概不能设定一种单纯的有限者或纯粹的差别，而当你如此这般设定时，那也只能在与另一个东西的对立之中发生。但这个由有限者和无限者交织而成的东西，却只有在那样的人看来才能完全拆开，他洞察到，在万物中的确包含以及如何包含了万物,也洞察到,在个别东西中具有以及如何具有充盈的全体。

因而直观就是有限者、无限者和永恒者,只有在全体中它才从属于有限者。现在看来,有限者在它们身上隶属于感觉的那些东西,但无限者在它们身上则是自我意识的表现。与无限者形成对立的有限者必然是差别,与有限者形成对立的无限者是无差别状态,有限者是实在的,无限者是观念的;观念东西与实在东西、无差别状态与差别在其中合而为一的那个东西,便在直观中模仿直截了当实在的东西的本性,或者说模仿永恒者的本性。你现在还相信你可以像你确实做过的那样,在直观中将这永恒者与思维对立起来吗?

琉善:我当然看不出如何能做到那一点了。

布鲁诺:你是否曾将直观规定为差别,将思维规定为无差别状态。

琉善:诚然如此。

布鲁诺:但在直观中,直观既不是差别,也不是无差别状态,而是双方在其中合而为一的东西。那么你过去是如何做到将它与思维对立起来,并在观念东西与实在东西的统一中将它设定为实在东西的?

琉善:我要请求你为我讲清这一点。

布鲁诺:你想将观念东西与实在东西的统一限制在某个特定的点上,正如我刚刚才向你证明的那样;你还想将实在东西弄成观念东西的一个真正的对立面,然而这种对立永远只是观念性的,而你规定为实在东西的东西本身又是从观念东西和实在东西的某种统一中产生的,这就使得它那里真正实在的东西,即这统一本身(这统一在它那里乃是基于观念东西与实在东西的对立之上的),却只不过是实在东西的观念性规定。因而你永远不会找到与某个观念东西对立的一种纯粹的实在东西;但如果专门谈到直观活动,要发现你随着每一种如其所是的直观一道,都设定了思维与存在的某种统一,那么你可能只需要问问你自己,当你说你直观了一个三角形、一个圆或一株植物时,你究竟直观了什么？毫无疑问,你直观的是三角形概念、圆的概念和植物概念,你所直观的从来不是概念之外的某种东西。因而你将那在其自身不过是一个概念或某种思维的东西称作一种直观了,这么说的根据在于,你在某种存在中设定了某种思维;但使得你能作此设定的,不可能又是某种思维或某种存在,而只能是它们在其中根本就不可区分的那个东西。

　　现在看来,思维与存在在直观中的绝对类同性,便是几何学直观的明证性的根据。但在一切直观活动中从事直观的便是那种东西,它根本不能在普遍东西和特殊东西之间制造任何对立,在其自身而言它是绝对的理性,而如果撇开通过反映而加入到有限者中去的东西不看,它就是纯而不杂的统一、最高的清澈与完美。

　　但正如已经被指明的,在反映中加入的东西便是无限者(它是直观中的统一)与有限者(它是直观中的差别)的相对对立;前者是概念在直观上的表现,后者则是判断在直观上的表现,前者是第一个维度的设定者,后者是第一个和第二个维度的设定者。

在直观中以不透明的、经验的方式存在的东西,不是纯粹的空间,不是思维与存在的纯粹类同性,它是直观中受到前面那种相对的对立规定的东西。

但是,在直观中有限者、无限者和永恒者都从属于有限者,这一现象的根据却仅仅在于灵魂与作为个别事物的身体的直接关系。原因在于,由于身体和灵魂是一个事物,双方都只有在对方那里并通过对方才能从大全那里分离开来,这就使得就无限概念而言,将身体规定为有限的存在还是规定为有限存在的概念都完全无所谓,然而在身体概念中却必然包含了其他各种事物的概念:那么这个概念,即灵魂本身,就其是那个以个别方式实存的事物的概念而言,就受到了其他各种事物的概念的规定。在这个意义上说,在灵魂中与有限者、无限者和永恒者不可分的东西便从属于有限者,而你已经将这种直观与思维对立起来了,这种直观活动从属于时间,必然是个别的,而且与其自身也不同。但是由于如此这般规定下来的直观并不是真正的直观,而是真正的直观的一种混乱的假相,那就可以推论出,思维与直观的那种统一,像你所规定并被设定为最高统一的那样,就是个别的和从属性的,而且是从单纯的经验出发被研究的。这样你就抛下你从前将最高的统一限于意识之上时使自己陷入的那种狭隘境地,与我一道在绝对者的自由海洋里遨游,在那里我们既可以更矫健地活动,又可以更直接地认识理性那无限的深度与高度。

IV, 293

现在看来，有限者、无限者和永恒者构成的三一体（Drei-Einigkeit）如何在直观中从属于有限者，同样在思维中从属于无限者，在理性中却从属于永恒者，这一点尚待说明。

因而每一次宇宙中只有一个部分落入直观之中，然而与灵魂直接地、活生生地结合在一起灵魂概念，则是万物的无限概念。客观认识从这种概念那里的分离便设定了时间。但将有限认识与无限认识关联起来的活动却产生了知识，那知识不是一种绝对无时间性的认识，而是一种适用于一切时间的认识。通过那种关联，直观就必然与在它之中有限的、无限的和永恒的东西一道，同时变得无限，也同时成为认识的某种无限的可能性。但在无限的意义上被设定了的无限者便是我们所谓的概念；然而有限者被接纳到无限者之下，便产生了判断；这正如永恒者在无限的意义上被设定就会产生推理。

但无限性在这个层面上就囊括了一切，尽管那只是一种知性的无限性（Verstandesunendlichkeit）。概念是无限的，判断是无限的，推理是无限的。因为它们适用于一切客体和一切时间。但那些客体中的每一个都必须在特殊的意义上被看待。

现在看来，直观中的无限者，在概念中重新在无限的意义上被设定了，它便是与那灵魂本身合而为一的无限的灵魂概念的表现；就灵魂是身体的直接概念并与身体合而为一而言，有限者便是灵魂的表现；永恒者却是使灵魂与身体合而为一的东西的表现。现在如我们所知的，无限的灵魂概念包含了一切直观的无限可能性；以身体为直接客体的灵魂包含了无限—有限的现实性;而使双方合而为一的那个东西则包含了无限的必然性。

现在看来,由于概念是在无限的意义上被设定下来的无限者,那么它就是为其自身而言多有差异的各种直观的那种**在无限的意义上**被设定下来的无限可能性;而判断由于是在无限的意义上被设定下来的有限者,便是在无限的意义上规定着现实性的东西;而推理由于是永恒者,便是在无限的意义上规定着必然性的东西。

然后概念本身又是概念,因而它不仅仅是无限者、有限者和永恒者的无限可能性,也是隶属于无限者、有限者和永恒者的那种无限者、有限者和永恒者的无限可能性,这就使得这前三者在乘以其自身和被其自身渗透的情况下,规定了各种概念的数量。这里有一张很难解开的编织物和一种特定的分节表达(Artikulation);但如果你想试着与我一道解开它,我希望我们会达到目标。

因而概念的无限性是一种单纯的反思的无限性(Unendlichkeit der Reflexion),然而这反思的图式(Schema)却是线,线虽然将时间植入使它得以表现出来的那些事物之中,但在活生生地和活泼泼地被设定的情况下,正如在客观认识中那样,却是时间本身。

因而在无限者、有限者和永恒者隶属于无限者的情况下,你认为各种概念是以何种方式被表现出来的? IV, 295

琉善:必然是通过各种时间概念,而且在我看来这一点是非常确定的:某种时间的单纯的无限可能性包含了纯粹的统一本身,时间的无限—有限的现实性包含了差别或杂多;时间的整个现实性受到无限可能性规定后便是大全。

布鲁诺:很好,这样我就无需提醒你注意,这些概念中的第一个相当于量上的无差别状态或相当于概念,而第二个概念则由于预先将无差别状态设定到差别之中,预先将差异因素接纳到一(das Eine)之中,便相当于判断,而第三个概念,即总体性概念,它与前两个概念的关系有如推理与概念和判断的关系。

现在看来,由于在不将杂多设定于统一之中,不将统一接纳于杂多之中的情况下,统一也不是统一,杂多不是杂多,那么二者在其中合而为一的那个东西,以及在反思中作为第三位的东西显现出来的东西,就必定是第一位的东西。

如果你将在反映中加入进来的相对者撇开,你就得到了理性的那些最高的概念:绝对的统一、绝对的对立,以及统一与对立的那种处于总体性中的绝对统一。

现在看来,隶属于有限者的无限者、有限者和永恒者,便与它们所隶属的有限者一道产生了下面这些概念:

对于反思而言,一切现实性的无限可能性包含了无边无际的实在性;那成为绝对的非实在性、单纯的边界的东西,便是通过全部的可能性来规定现实东西的现实性的,这种现实性便存在于无边界者与边界直截了当地合而为一的地方,那里绝对地看来又是第一位的东西,而且在直观中就是绝对的空间。但很明显的是,正如各种事物通过各种时间概念而成为对概念而言最确定的东西,那么它们通过各种空间概念就成为对判断而言最确定的东西。然而每一个无限且有限者（Das Unendliche und Endliche）如果与永恒者结合在一起，就必定产生出一对孪生概念（Zwillingsbegriffe），因为在那在其自身且为其自身而言的永恒者的本性中，有限者和无限者已经结合在一起了，然而那无限且有限者的情形是，一对孪生概念中的一个必然分有有限者的本性，另一个必然分有无限者的本性。

因而在无限者中，永恒者的形式通过两个概念表现出来，其中的第一个在反映本身中又是可能性，另一个在那里又是现实性，然而二者如其所是地那般结合起来之后，就产生了必然性。

我们将这些概念称作实体和偶性。但在有限性或现实性中，永恒者是通过原因和结果的概念反映出来的，其中原因在反映中是结果的单纯可能性，结果则是现实性，二者结合起来就是必然性。然而在可能性和现实性之间，在反映中出现了时间，而只有凭借这个概念，各种事物才能延续。最终在必然性中，永恒者通过事物的普遍交互规定概念表现出来，而永恒者是最高的总体性，总体性则在反思中被认识。

那么正如我们现在清楚地看到的，无限者、有限者和永恒者，在隶属于有限者或差别的情况下作为空间显现出来，在隶属于无限者或相对的统一的情况下，作为时间显现出来；那么很明显，这种相对的统一在永恒者的形式下被直观便是理性本身，而且作为理性在概念中表现出来。

由此说来，算术、几何和哲学这三门科学的统一和差异也就很容易被看清了。

现在看来,在判断中进一步展开讨论被反思的理性的那种有机论(即便有了前文所规定的判断与概念的那种区别,那种有机论就是在概念中的那同一种有机论),似乎无此必要。

然而关于在无限的意义上设定了永恒者的那种推理,注意到下面这一点就够了,即由于在每一个为其自身而言的推理中,都已经有可能性、现实性和必然性同在了,那么推理的一切进一步的差异便仅仅在于,在一切推理中均有的这三者的统一或者是在无限者的形式下,或者是在有限者的形式下,或者是在永恒者的形式下被表达出来。

现在看来,无限的形式是定言形式,有限的形式是假言形式,而最具有永恒者性质的那种形式则是选言形式。但在每一个推理中,不管各种推理的差异有多大,大前提相对于小前提而言总是定言的或无限的,小前提总是假言的和有限的,然而结论却是选言的,并且将前者与后者都结合到自身之内了。

琉善:啊,知性的形式真令人惊叹!探究知性的种种关系,以及认识到从有形事物的框架直到推理形式为止的种种都是永恒者的同一类印迹,该是多大的快乐啊!学者认识到在你①内部有着最庄严最圣洁者的摹本,就专心致志地考察你。各种星体就在这种反射中运动,并沿着它们那被预先规定的轨道运行,在这种反射中,万物都成为且必然成为其所显现的那个样子。但这种必然性的根据则在于它真正的本性,而那种本性的秘密在任何人那里都不像在上帝那里一样显露出来,而在人中,它也只

---

① 指知性。——译者注

在那认识到这根据的人那里显露出来。

布鲁诺：然而为了认识各种事物的本原（它们在上帝中，而且规定了各种事物的现象），尤为重要的是要了解什么是属于反映的，与此同时又不像那些在哲学运思上很成功的人所做的那样，将一些自然而然属于现象的因素予以抛弃，却将另一些因素作为真的东西予以接纳，那些人这样做就使得哲学和神圣本质同时都扭曲走形了。

因为他们既没有纯正地认识绝对者的本性，又在绝对者之外假定了许多他们所需要的东西，以便能制造出他们心目中的哲学，而又没有将单纯为现象而存在的东西和就上帝而言为真的东西分离和区别开来。一些人甚至走到比现象更深的地方，还假定了那样一种质料，他们将"相互外在"和"无限多样"这两种形式归于它。然而在绝对的意义上，或就神圣本性而言，没有任何东西能外在于这本性自身以及使这本性完美的东西，能外在于统一和对立的绝对统一；因而对立和统一虽然都是有的，但它在绝对的意义上又类同于统一，是没有时间的，这就使得一种分离、一种反映任何时候都不能就其本身而言存在。 IV, 298

但其他一些人也那样来规定现象世界，仿佛它与神圣本性是对立的，因为就后者而言它什么也不是。因为我们所谓的现象世界，并不是那种以某种完全非感性的方式与理念中的无限者结合起来的有限者，而是如其在理念中那般存在的无限者的单纯反射。现在由于除了各种可认识的事物之外，也有那种先前便注定了要在可见的摹本中认识宇宙的那种事物的理念，在其自身且为其自身要以永恒的方式被包含在宇宙中,那么理念虽说优先于现象世界,但在时间上却并不领先于它;这就像并非在时间上,而是在本性上,普遍的光要先于被照亮的那些个别事物,这光尽管被无数的事物反射,被每一个事物依照其自身的本性反射,然而其本身却并不变得多样,而且在自身清澈无杂的同时将所有这些反映集合到自身来了。但真正的世界并不是那样的世界,它在反映中构造了个别东西,而个别东西也是从那超出这东西之上的东西中获得关于世界的理念的;真正的世界是覆庇与囊括万物的那个不动的且和谐的火红天空。

啊,朋友,现在看来,有限者、无限者和永恒者是如何在直观中从属于有限者,在思维中从属于无限者,这一点我们此前已经成功地指明了。

然而在客观认识与无限认识的关联中却产生了所有那样的概念,各种事物普遍和必然受到它们规定,因而它们似乎先行于各种对象。但我猜想,你大概不会相信,各种事物因此便是独立于这些概念而被规定的。

琉善:我从不相信这一点。

布鲁诺:但因为它们不能与这些规定相分离,所以它们根本不是独立于那些概念之外的任何东西。

琉善:绝对不是。

布鲁诺:但你如何称呼客观认识与这种认识的无限概念的那种统一?

琉善:知识。

布鲁诺：因而那些事物也就绝非独立于这种知识的任何东西。

琉善：完全不是。它们只有通过知识才产生，而且本身就是这种知识。

布鲁诺：很好。你看到了，我们在所有要点上是多么高度一致。整个现象世界因而也就纯粹只能从为其自身而被看待的知识出发来理解。

琉善：是这样。

布鲁诺：然而是从什么样的知识出发，是从在其自身便很实在的知识，还是从本身仅仅只是现象的知识出发呢？

琉善：必然是后者，既然一般而言有限认识与无限认识的对立与等量齐观都属于现象。

布鲁诺：你能依据前面讨论所得的结论对此提出质疑吗？——那么在我们最后所描述的，通过将认识中的有限者、无限者和永恒者关联于无限者之上而产生的这整个知识层面中，是一种完全从属性的认识在支配着局面，我们将把那种认识称作反思的或知性的认识。

琉善：我对此很满意。

布鲁诺：难道我们也必须将通过推理得到的认识当作一种真正的理性认识，而不是当作一种单纯通过知性得到的认识吗？

琉善：后者更有可能。

布鲁诺：不可能是别样的了。因为你如果在概念中设定无差别状态，在判断中设定差别，而在推理中设定双方的统一，那么这种统一就从属于知性了；因为理性虽然普遍存在于一切之中，但它在直观中就从属于直观，在知性中就从属于知性，而当在理性中时知性和直观就绝对合而为一了，因此在推理中你虽然在大前提中有了符合知性的东西，在小前提中有了符合直观的东西，在大前提中有了普遍东西，在小前提中有了特殊东西，但对于知性而言，这双方却是分开的，而且对于知性而言，即便在结论中，它们也仅仅是外在结合起来的。

最不幸的过失，莫过于将这种从属于知性的理性当作理性本身了。

琉善：毫无疑问。

布鲁诺：但通过将全部的理性隶属于知性之下而产生的那种学说，我们的前人已称之为逻辑学。那么如果我们遵循这个概念用法，是否必须将逻辑学视作一种单纯的知性科学（Verstandeswissenschaft）呢？

琉善：必然的。

布鲁诺：那么对于在逻辑学中寻求哲学的人而言，哲学还有什么希望吗？

琉善：没有任何希望。

布鲁诺：难道通过这样一种认识所能达到的那种关于永恒者的科学，就成了而且永远是知性认识（Verstandeserkenntniß）吗？

琉善：我们必须这样看。

布鲁诺：正如在三种推理形式中，绝对者照形式来看分裂为知性的某种无限者、有限者和永恒者，那么照质料来看，它在那为知性服务的理性的各种推论中就分裂为灵魂、世界和上帝,这三者全部以相互分离、各个独立的方式,表现出那在绝对者中的绝对太一对于知性而言最高的相互分离。

因而对于所有那些希望按照这种认识方式追求哲学,甚而希望在这条路上寻求或者彻底证明绝对者的存在的人,我们会判定他们在哲学上还没有入门。

琉善:这很公道。

IV, 301

布鲁诺:此外,由于在我们看来,我们之前的很大一部分哲学家,几乎包括全部如今以哲学家自命的人,虽然冒充为理性之人,实际上却落入了知性的层面之下,那么我们将会为那种最高的认识保留一个为那些人所达不到的地位,而且将那个地位规定为那样的,即通过它有限者和无限者是在永恒者中被看见,而不是永恒者在有限者或无限者中被看见。

琉善:在我看来这个证明是完成了。

布鲁诺:那么此外你还会怎么想呢?难道对于这种最高的认识而言,仅仅一般性地将有限者看作观念性的就够了吗,因为观念性事物无非就是无限者本身?或者难道那种认识不过就在于,在永恒者之外什么都没有了,而且不用在观念的意义上,就像不用在实在的意义上为其自身而将有限者补充上去吗?

琉善:这样推论很好。

布鲁诺:那么依照我们的看法,一种仅就有限者而言的唯心论就到处都配得上哲学的名号了吗?

琉善:似乎不是这样。

布鲁诺:然而究竟是否有任何一种认识可以被视作绝对真的,可以被视作那样一种认识,它规定了各种事物,正如它们在观念性事物与实在性事物的那种最高的无差别状态中被规定那样?

琉善:不可能。

布鲁诺:现在看来,朋友,各种事物那里我们称作实在的一切,都是通过分有绝对本质而成其所是的,然而没有任何摹本在彻底的无差别状态中表现绝对本质时,是落于太一之外的(后者能使万物达到如思维与存在在绝对者中那般的同一种统一):没有任何摹本在那时是落于那样一种理性之外的,它认识着其自身,以普遍的、绝对的方式将它之中的那种无差别状态设定为万物的质料(Stoff)和形式(Form),它只需以直接的方式就能认识一切神圣者。但谁若是无法从反映中转身他顾,就永远不会直观到他那不动的统一。

IV, 302　　因为万物的那位君王和父亲居于永恒的极乐之中,远离一切斗争,就像住在一座无路可通的城堡里一样,稳居于它的统一之中,凡人不可抵达。但要在某种程度上感受这样一种本性的内部(它在其自身既非思维亦非存在,而是二者的统一),这只有或多或少分有了这种本性的人才能做到。然而它的本质的这个内部秘密,即它在其自身中既不包含某种思维,也不包含某种存在,而是二者的统一,那统一超出双方之上,又不被双方弄浑浊,这个秘密却在各种有限事物的本性上显露出来;因为在反映中,形式分裂为观念性事物和实在性事物,这并不是说实在性事物以往仿佛存在于观念性事物之中，而是说由此一来实在性事物就作为二者单纯的统一而被认识了，同时实在性事物又不必是这统一本身。

照此说来，认识永恒者就意味着在各种事物中看到存在与思维仅仅通过永恒者的本质而结合起来，但并不意味着要将概念设定为事物的结果，或者将事物设定为概念的结果。那样的设定是最远离真理的。因为事物和概念不是通过因果关系，而是通过绝对者才合而为一的，但真正说来它们只不过是同一个东西的不同方面；因为没有任何东西能够在那种情况下实存，即它并不同时在有限的和无限的意义上在永恒者中被表现出来。

然而通过有朽的言词来表达那永恒者在其自身且为其自身的本性是很困难的，因为语言源自于摹本，而且是由知性创造出来的。原因在于，如果我们看似有理有据地将那种没有任何对立在自身之上和之中，而是在自身之下便具有万物的东西称作太一（它具体存在着），那么这种存在恰恰在自身中并不包含与那在别的一切关联中都被规定为存在的形式要素的东西，即与认识的任何对立；因为绝对者的本性也包括下面这一点，即在绝对者内部形式就是本质，本质就是形式；原因在于，现在看来，绝对者在作为绝对认识的理性中是在形式的意义上存在的，那么它在理性中也在本质的意义上被表现出来，因而就绝对者而言并没有遗留下可以与某种认识对立起来的任何存在；但如果我们又希望将绝对者规定为绝对认识，那么我们就不能再在如下意义上做这件事情，即我们使这种绝对的认识与存在对立起来，因为在绝对的意义上看,真正的存在仅仅在理念之中,然而理念又同样是实体和存在本身。

但作为认识与存在的无差别状态,绝对者又只能在与理性的关联中才是可以规定的,因为唯有在理性中,认识与存在才可能作为相互对立者出现。

然而谁若是为了不将绝对者的本性规定为存在,才想通过活动(Thätigkeit)概念来规定它,他将会最远离绝对者的理念。

因为活动与存在的一切对立本身都只存在于摹写而成的世界中(原因在于当撇开那直截了当地、在其自身且为其自身而永恒的东西不论时,它的本质的内在统一就只能或者在有限者中,或者在无限者中被瞥见,然而在这二者中都必然在同样的意义上被瞥见),因此在反映中,从有限的世界与无限的世界的结合中便又诞生了作为宇宙的统一。

但在有限者和无限者中都没有表现出绝对者的本质的全部完善性的情况下,绝对者既不能在有限者中,也不能在无限者中被反思,而有限者与无限者的那种统一在其于有限者中被反思的情况下虽然显现为存在,它在无限者中则显现为活动,但那种统一在绝对者中既不显现为存在也不显现为活动,而且既不在有限性的形式下也不在无限性的形式下,而是在永恒性的形式下显现。

因为在绝对者中,一切都是绝对的,因而如果说绝对者的本质的完善性在实在东西中显现为无限的存在,在观念东西中显现为无限的认识,那么在绝对者中存在与认识都是绝对的,而且由于它们都是绝对的,它们就都没有一个对立面在自身之外的其他某个事物中,而是绝对认识就是绝对本质,绝对本质就是绝对认识。

此外,因为永恒本质的无边无际性是在相同的意义上在有限者中和在无限者中得到反思的,那么现象在其中得以分离和开展的那两个世界,由于它们都是太一,也就必定包含了同样的东西,因而在有限者中或在存在中被表现出来的同一个东西,也就必定在无限者中或在活动中被表现出来。 IV, 304

因而你看到的在实在世界或自然世界中表现为重力,在观念世界中表现为直观的那种东西,或者在各种事物上由于普遍东西与特殊东西的分离而被规定为相对的统一或相对的对立,在思维中却显现为概念和判断的东西,实际上是同一个东西;观念东西本身并不是实在东西中的某种规定的原因,实在东西也不是观念东西中的某种规定的原因;观念东西与实在东西中的每一方都不比对方更有价值,每一方都不是从另一方出发而得到理解的,因为每一方都配不上本原的地位,反而认识和存在这双方都只是对同一个绝对者的反映。

因而真正说来或在其自身而言,既是各种事物那里普遍东西与特殊东西的对立的基础,也是认识中的同一种对立的基础的那种统一,就既不是存在,也不是认识——这双方都是在对立中被设想的。

然而如果在为其自身的每一个事物中——无论在实在东西中还是在观念东西中——如果达到了相互对立的东西的绝对类

同,那么在实在东西和观念东西本身中,也就直接表现出了认识和存在、形式和本质的无差别状态。

虽然在观念东西或在思维中被反思时,有限者与无限者的那种永恒的统一似乎就被延展到那既无开始又无终结的时间中去了,在实在东西或有限者中它直接而必然地、完满地作为统一而呈现出来,而且它就是空间;然而也仅仅是在实在东西中,它却显现为认识与存在的最高统一了。因为空间虽然一方面显现为最高的明晰性和宁静,也显现为那样一种最高存在,它在其自身中是有根据的和完备的,并非出自于自身,也并非从自身出发而行动;然而另一方面,它也是绝对的直观活动,是最高的观念性,而且——这取决于这里着眼于主观东西还是着眼于客观东西——就两种东西的对立本身对于某种东西完全被消除了而言,它是活动与存在的最高的无差别状态。

但一切事物中活动与存在的关系通常就像灵魂和身体的关系;因此绝对认识尽管永远在上帝那里,也是上帝本身,却不能被设想为活动。因为它那里既有灵魂也有身体,因而既有活动也有存在,甚至有各种并不处在它之中,而是处在它之下的形式;而正如无限的身体在存在中反映绝对者的本质,绝对者的同一种本质在思维中或在活动中也被反映出来(作为无限认识,作为世界的无限灵魂),然而在绝对者中活动不能表现为活动,存在也不能表现为存在。

因此谁如果为那种如最深沉的宁静一般宁静的活动,为那种如最高的活动一般活跃的宁静找到了合适的表述,就会在某种程度上在概念中接近最完美者的本性。

然而单单在实在东西以及观念东西中认识有限者、无限者和永恒者是远远不够的,而且谁若是没有在永恒者中进行直观,就永远不会瞥见那在其自身且为其自身的真理。

然而两个世界(即在有限者中表现绝对者的整个本质的那个世界,和在无限者中表现绝对者的整个本质的那个世界)的分离,也是各种事物的神圣本原与自然本原的分离。因为自然本原显现为受动的,神圣本原则显现为主动的。因此,比如说,各种物质就由于它们受动的、接受性的本性,似乎附属于自然本原,而光则由于它那创造性的和主动的本性,似乎附属于神圣本原。

然而即便在从属于有限者的那个世界中,甚或在从属于无限者的那个世界中通过其存在方式而最直接地表现了绝对者的本性的个别东西,也很少能像绝对者这样单纯被理解为存在或活动。

当灵魂和身体在一个事物那里被等量齐观时,在这个事物上就留下了理念的一种印迹,而且正如理念在绝对者中也是存在和本质本身,在那个事物中,即在摹本中,形式也是实体,实体也是形式。 IV, 306

在这个意义上,在各种实在事物中就有了有机组织,在各种观念事物中就有了通过技艺产生出来的东西和美的东西;如果说有机组织将光或者将在有限者中表现出来的永恒理念作为神圣本原与那作为自然本原的质料结合起来,那么通过技艺产生出来的东西和美的东西则将那种光的光（das Licht jenes Lichtes）或者将在无限者中表现出来的、作为神圣本原的永恒理念，与作为自然本原的质料结合起来了。只不过有机组织由于必然显现为某一个别事物，就总是与绝对统一保持那样一种关系；各种物体由于具有重量，也便具有那种关系，即那种含有差别在内的关系。因而在有机组织的形式中，活动与存在虽然总是被等量齐观（这就使得行动者也是持存者，而持存者又是行动者），但就它是个别的而言，这种类同性却不是通过有机组织本身，而是通过有机组织为其自身而引以为其根据的那种统一来起作用的。因此在有机组织中，活动与存在这两者看来也还没有结合为最高活动中的那种最高的宁静，而只是结合为那样一种效用，那种效用充当了持存与行动的某种中介因素或共同因素。

然而存在在其中似乎被活动设定下来、有限者在其中似乎被无限者设定下来了的那个世界，就与自然对立起来了，在自然中无限者毋宁是在有限者中并被有限者设定下来的；而前一个世界便被视作世界，而且仿佛被视作通过自由而建造起来的上帝之城。

通过这种对立，一些人学会了在上帝之外看到自然，又在自然之外看到上帝，而当他们使自然摆脱了神圣的必然性，使它服从于他们称之为机械必然性的那种非神圣的必然性时，正因此他们就将观念性世界弄成了某种无法无天的自由肆意挥洒的舞台了。与此同时，当他们将自然规定为某种单纯受动的存在时，他们便相信自己赢得了将他们提升于自然之上的那位上帝规定为纯粹的活动、纯粹的主动性的权利，仿佛受动性与主动性这些概念并非兴衰与共的，并非没有任何一方能独占真理的。

但人们告诉他们，自然并非在上帝之外，而是在上帝之内，他们却将它理解成这种正因与上帝相分离而被扼杀了的自然，仿佛自然根本就是某种在其自身便能存在的，或者根本就是由不同于它本身的某种别的东西制成的受造物。 Ⅳ, 307

正如世界的自然部分一样，它的自由部分同样不是与这两个部分在其中与其说合而为一，不如说根本不分离的那个东西相分离的。但不可能出现下面这种情形，即它们在双方于其中合而为一的那个东西中，都是通过使它们外在于那个东西的东西才存在的，因而它们中一个是通过必然性，另一个是通过自由才存在的。

因而最高的力量或真正的上帝是那样的，在他之外并没有什么自然，这正如真正的自然是那样的，在它之外并没有什么上帝。

上帝与自然在其中密不可分的那种圣洁的统一，虽然在生活中它成了命运，人们试着要在直接的、超感性的直观中认识它；现在看来它是那样一场高贵的典礼，可以使人们达到那种只能在对最完善者的观察中才能发现的最高圣洁状态。

现在看来，我相信，就我揭示真哲学的根据的能力而言，我大体上已经完成了我向你们许下的诺言，而且在不同的形态下一再揭示了成为哲学对象的那个太一。

然而如何在这个基础上进一步有所建树，以及哲学的神圣种子如何能最充分地开枝散叶,还有你们认为哪一种形式适合于这样一种学说,这些问题你们可以自行深究。

安瑟尔谟:啊,卓越的人,但我以为,我们为各种形式考虑得已经很多了;因为一般而言,尽管那种做法,即不是泛泛地认识至高者,而是描述它的那些仿佛自然一般,而且具有不变的坚固性和明晰性的、绵延而持存的特征,似乎就是将艺术提升为艺术、将科学提升为科学并将它们与业余爱好区别开来的法子,然而具有最高贵和最庄严因素——哲学便是探讨那种因素的——的那种物质,只要它缺乏形式和形态,就尤其没有摆脱易朽性,而且那些不太完善的形式或许会消失,但与它们结合在一起的那种贵重物质在从它们那里摆脱开来之后,却必定被非贵重物质替代,被挥发掉,最终被弄得完全面目全非,不可能再适合于那些更持久不变的形式了。

然而哲学的物质似乎在任何时代都不曾像我们这个时代一样受制于环境的变化,这个时代同时还在最骚动不宁地追寻着那永不消逝的东西。因为当一些人在最不可分的和最简单的东西中发现它的时候,一些人转而向水中,另一些人在干旱的沙子中去寻找它,还有一些人则认为它越来越稀薄、透明,越来越像空气了。

因而发生下面这种事情就根本不奇怪了,即大部分人认为哲学只能探讨气象现象,而且即便哲学揭示自身时采取的那些形式,也遭受了彗星在那种民族所遭受的命运,他们不把彗星算作自然的持久而永恒的作品,而算作燃烧的蒸汽构成的转瞬即逝的现象。

因此,进而言之,几乎被大部分人都接受的一点是,可能有各种不同的哲学,几乎可以说,所有一般而言努力想做哲学的人都必定有他特殊的哲学。然而强大的时间压制着所有这些人,他们都是在同一个回环(Ring)中被锻造出来的,最远也只能达到回环的链条所及的地方,而那些希望尽可能远离这个回环的人,通常跌回得也最深。

准确来说,他们全都很可悲的一点是,他们只知道一种认识方式,即从结果推论到原因的那种认识方式。由于他们现在只预备好了为知性服务的那种理性,因此也就认为自己证明了,理性本身不过是陷入一些无可避免的错误推理和一些空洞的矛盾之中罢了,这样一来他们就可以正当合法地怀着对理性的畏难之情做哲学了。然而如果他们愿意逾越这些界限,他们对任何东西都不会像对绝对者那般敬畏,如同对定言式的和无可争辩的认识那般敬畏。正如所发生的那样,如果不走出有限者并由此进一步往前推论,他们就不可能有任何进展,不管他们是否能达到某种直截了当地并通过其自身而存在的东西。他们也将某种东西设定为绝对者,那时他们必定和总是随之设定某种对立面,这样一来那个东西就不会成为绝对者了。然而在那个东西和它的对立面之间又无非只有因果关系,而在一切形式下还是不断重复着同一种开端、同一种努力,而不是承认他们在知性中加以分离的东西可以统一起来,并将那统一的本性中天生的和不可克服的分化(Entzweiung)制作成哲学本身。

IV, 309

然而这种做法却在如今做哲学的那些乌合之众中间通行无阻。但即便这个时代的更优秀的东西,还有那至高的东西,在大部分人的阐述和理解中都转化为某种单纯的否定性(Negativität)了。他们会完全通过形式去说明有限者,并不执拗地拒绝赋予永恒者以物质。他们的哲学就在于证明,那诚然什么也不是的东西,即感性世界,实际上什么也不是,他们还将这种仅仅与虚无相对立的定言式哲学称作唯心论。

然而那些伟大的和真正的形式或多或少是消失了。哲学的物质有着最不可分解的本性,而且在一切形式中,它在其自身多么不可分解,便多么真确和正当。但正如地球的同一个重心还可以从四个方向被看待,同一种元素可以通过四种同样贵重、同样不可分的金属呈现出来,那么理性的那种不可分解的东西也首先在四种形式中表现出来了,这四种形式仿佛标明了哲学世界的四个地带;因为我们所说的唯物论看起来属于西方世界,然而我们所说的唯理智论则属于东方,我们还可以说实在论是南方的,唯心论是北方的。但最高的努力的目标,乃是认识那种唯一在所有地带都保持同一的哲学金属(Metall der Philosophie)的纯而无杂的形态。但在我看来重要的是了解这些特殊的形式及其命运,这一点在希望提升到这些形式之上的人看来也很重要,在已经提升到这些形式之上的人看来也是很合宜的。因此这也是你们所乐见的,那么我的看法是,虽然亚历山大揭示了在物质中认出永恒而神圣的本原的那种哲学的历史,我却反过来揭示了那个理智世界学说的本质,而琉善和你,布鲁诺,则考察了唯心论与实在论这两个对立面。

因为如果我们表明了，我们被教导说在哲学中要先于一切而加以预设和寻求的那种理念，是如何成为一切形式以及在哲学中起着塑造作用的那种理性的各种不同的表现形式的根据的，那么在我看来，我们的谈话的大厦便最完美地封顶了。

亚历山大：啊，朋友们，关于从物质中得到其名称的那种学说的种种命运，我是可以这样来概括的，以便表明它们无非就是别的任何一种思辨学说在时间推展的过程中同样分毫不差地经历过的那些命运，而且即便那种学说也只在哲学本身衰亡时才得到它的名称。因为古人传给我们的有关那种学说的意义的说法，已经足以教导我们，它在自身中带着最高思辨的种子，那种子或多或少已经开枝散叶了。

但物质的真正理念很早就失落了，而且在每个时代都很少为人所知。

它是神圣本原和自然本原的统一本身，因而直截了当地是单纯的、不变的、永恒的。

然而那些后来者——其实柏拉图也已经这样做了——将物质理解成了那些自然的和不变的事物的单纯主体，然而这主体完全不能被塑造成本原；而太一则超出一切对立之上，事物那里自然的东西和神圣的东西也只有基于太一之上才能区别开来和对立起来，然而太一便是上述学说的发起者称作物质的东西。

后来的时代将物质与物体相混淆，也将那依照本性说来易朽的和易逝的东西与不朽的和永驻的东西弄混了。

IV, 311

一旦走到这个地步之后,也就很容易将粗糙的无机团块当作真正原初性的物质了。然而物质的理念并不在有机物与无机物已经分离开的地方,而在它们同在且合为一体的地方。然而正因此,那个地方不能以感性之眼,而只能以理性之眼去看。

然而万物从这种统一产生出来的方式却要在下述意义上来设想。

物质在其自身而言是没有任何多样性的。它包含了万物,但正因此也就没有任何可区别性,是尚未分离的,仿佛一种无限的、锁闭于自身内的可能性。现在看来,使得万物成为一体的正是物质本身,而使得它们不同并相互分离开来的则是形式。但各种形式全都是易逝的,并非永恒的;而一切形式的形式(die Form aller Formen)则与物质本身一道永恒且同样永驻,那种形式是必然的和首要的形式,它由于是一切形式的形式,就不与任何特殊的形式相似或类同,而完全是单纯的、无限的、不变的,而且正因此便必定与物质相类同。但没有任何形式被物质排斥,这样它在形式方面便是无穷多产的,然而它为其自身而言却是贫乏的;因此古人由于从富足与贫乏中产生爱欲(Eros),又通过爱欲形成世界,这样一来似乎恰恰预示了物质与原初形式的那种关系。

因而对于古人而言,在物质中蕴藏着一切形式与形态的无限可能性,这种物质是极为贫乏的,然而它对一切而言又是同样充足的,而且由于就最完善者而言可能性与现实性无需时间便合而为一了,那么所有的那些形式自永恒以来便在物质中被表现出来了,而且就这物质而言,它们在任何时候,或者毋宁说无需考虑任何时候,都是现实的。

因而通过一切形式的形式,绝对者便能成为一切,通过本质,它就是一切。各种有限的事物本身虽然在任何时候都是它在那个瞬间所能是的样子,但却不是它依其本质而言能成为的样子。因为本质在万物中总是无限的,因此各种有限的事物就是那样的东西,在它们之中形式与本质是不同的,前者有限,后者无限。但本质和形式在其中直截了当地合而为一的那个东西,却总是它所能是,任何时候和每一次,无需顾虑时间的区别,这样一个东西都只能是太一。

通过同一种差异,各种个别事物的定在也就成了一种时间性的定在,因为既然它们凭着它们的本性的一部分是无限的,凭着它们的本性的另一部分是有限的,那么前一部分虽说包含了依照潜能阶次而言处在这些个别事物的实体中的一切东西的可能性,后一部分却必然和总是只成为那种可能性的一部分,这样一来形式和本质就不同了;因而这些事物身上的有限者只有在无限性中才与那本质相符合。但这种无限的有限性就是时间,事物身上的无限者就包含了时间的可能性和本原,它身上的有限者则包含了时间的现实性。

因为绝对者为其自身而言是一种绝对的统一,是完全单纯的,没有任何杂多,那么在现象中它就在这个意义上过渡为杂多的某种绝对统一,过渡为一种封闭的总体性,我们称之为宇宙。这样一来,大全就是统一,统一就是大全,双方并无不同,而是同一个。

　　但对此若不是有人将一切形式的那种形式(我们固然与其他人一道可以称那种形式为世界的生命和灵魂)设想成与作为身体的物质相对立的灵魂,那么就必须注意,物质并不是身体,而是身体和灵魂在其上得以实存的那个东西。因为身体必然是有朽的和易逝的,本质却是不朽的和永驻的。但在绝对的意义上看,各种形式的那种形式并不与物质相对立,而是与物质一体的,但就个别东西而言它必然和总是设定无限者和有限者的对立(因为个别东西永远不完全是它所能是的样子),而这种对立本身就是灵魂和身体的对立。

　　因而灵魂和身体本身都是在一切形式的那种形式中被理解的,但那种形式正因为是单纯的,便不能是万物,而它正因为是万物,就不能在特别的意义上是任何东西,它与本质直截了当地合而为一。因而灵魂本身必然从属于物质,却必然在那种形式之下,与身体形成对立。

　　因此正如已经阐明的,在这个意义上说,一切形式都是物质天生就有的,但在万物中形式却必然与物质形成同一个事物。对于这一点,一些人在看到万物中物质与形式如何探寻自身之后,就以形象化的方式这样表达出来了:灵魂渴求形式,正如妻子渴求丈夫一样,并且热切地附于它身上;但由于在绝对的意义上来看,物质虽然与形式完全不可分,就其在有限者中表现出来并成为身体而言却似乎容易受到差别的影响,而物质在无限者中,或者就其成为灵魂而言,却是作为统一而存在的,鉴于此,一些人循着毕达哥拉斯主义者的先例——将一(Monas)称作众数之父,将二(Dyas)称作众数之母——将形式称作众物之父,又将物质称作众物之母。但在物质与形式完全合而为一的那个点上,灵魂和身体在这种形式本身中却是不可分的,超出一切现象之上。

一旦我们认识到灵魂和身体在物质上如何能分离开来,我们就能进一步理解,这个对立的进展是没有任何界限的;但在这种对立中灵魂和身体无论达到多么卓越的程度,这种发展也只能在无所不包的和永恒的物质本原(Princips der Materie)的内部发生。

是同一种光照透了一切,也是同一种重力在那里教导物体如何充塞空间,在那里给了思维的产生者以持存和本质。前者是物质的白日,后者是物质的黑夜。它的白日多么无限,它的黑夜也就多么无限。在这种普遍的生命中,没有任何形式是因外力而产生的,而是通过内在的、活生生的、与其作品不可分的技艺产生的。它是万物的同一种厄运、同一种生命、同一种死亡;没有任何事物能优先于其他事物,跨出它之外去;它只是同一个世界、同一株植物,存在着的万物都只是它的叶片、花朵和果实,万物各不相同(并非照本质而言,而是照层级而言);它是同一个宇宙,只有就这宇宙而言万物才是庄严的、真正神圣的和美好的;但它在其自身而言却不是被产生出来的,它与那统一本身是同等永恒的,它是天生的、不会凋谢的。

因为它在任何时候都是完整的、完善的,在它之中现实性与可能性是相合的，它从来没有什么贫乏和缺陷，因而没有任何东西可以使它脱离它那不朽的宁静状态。它经历着一种不变的、永远自相类同的存在。一切活动和运动都只是考察个别东西的某种方式，而且其本身只是那种绝对的存在（absoluten Seyns）的一种延续，直接从它最深的宁静中涌流而出。

它自身不能运动，因为连它在其中运动的一切空间和时间都在它自身中，它本身却不是在任何时间和空间中被理解的，它也不能改变它的内部形态；因为各种形式的一切改变、改善和恶化也都只能在对个别东西的观察中见到；但如果我们能瞥见整体，那它就会在心醉神迷的人们的眼前呈现出一幅永远清朗而自相类同的面貌。

但关于永驻者那里的更替，人们既不能说它开始了，也不能说它没有开始。因为它依赖于永恒者，这不是就时间而言，而是就本性而言的。因而它的有限，也不是就时间而言，而是就概念而言的，这就是说：它在永恒的意义上是有限的。但永远不可能有某种时间与这种永恒的有限性相合，一种开始了的时间和一种没有开始的时间都无法与这种永恒的有限性相合。

但那扼杀万物的时间，以及教导人类将有限者从无限者、身体从灵魂、自然物从神圣者那里分离开来，又将双方放逐到两个完全不同的世界中去的那个特殊的世界时代（Alter der Welt），也将那种教导交织到自然的普遍等级和一切科学的死亡中去。

现在既然物质被扼杀，粗糙的形象被置于本质的位置上了，那么下一步自动就产生了下面这种看法，即物质的一切形式都是由外而内地被刻印上去的;因为它们只是外在的,而且除了它们之外再没有任何永驻的东西了,那么它们也就必须被规定为不变的;万物内在的统一和亲缘性也就被消除了,世界分裂为固定下来的无数个差异体,直到人们由此形成一种普遍的观念,按照那种观念,活生生的整体其实就像那样一个容器或那样一栋住所,里面的各种事物老死不相往来,也没有相互依存或相互影响。

既然物质的那些开端是僵死的,那就可以得出结论说死亡是本原,而生命反而是衍生物。

既然物质已被安排好了这种死亡,那么为了驱逐它的生命的最后一个见证者,剩下的事情就只有将自然的普遍精神、一切形式的形式、光弄成同一个有形之物,并且像对待其他一切事物一样,以机械的方式将它们分离开来;因为在这个意义上看,整体的所有器官中的生命都消亡了,而身体的所有生命现象也都相互化解为一些僵死的运动。那么现在看来,以往被视作最高和最终顶点的那种尝试便属多余,即以机械的方式使这个彻里彻外已经死去的自然恢复生命,这种努力在接下来的那些时代里叫作唯物论,而如果唯物论的疯狂念头并不能将知其底细的人引回最初的源头上去,如果它毋宁只是帮着进一步证实了物质的死亡并使之无可置疑,那么它不但没有完成那种尝试,反而使得人们关于自然及其本质的观念愈发粗疏了,以致那些通常以粗疏著称的民族倒显得令人敬畏了,那些民族只懂得崇拜太阳、星辰、光、动物或个别自然物体。

但由于生命不能完全脱离人的思想,正如它不能完全脱离宇宙本身，而且仅仅由于它的各种形式发生了改变，它才直接出离自然，逃到一个表面看来不同的世界中去，那么这样一来，关于理智世界（Intellektualwelt）的那种古老学说就因为那种哲学的衰亡而直接获得了新生。

安瑟尔谟：啊，朋友，你称颂下面这种学说的古老，并非没有道理，即仅仅通过那些比它们更完美也更卓越的本性的传介和肇因（Verursachung），万物的定在才见容于宇宙中。一个怀疑只有诸神才了解永恒事物的人，盼望达到下面这样的观点，是很有道理的，即这种了解源自那样一些时代，那时有朽者常与诸神打交道，他们在他们的根源和发源地中，既没有脱离对诸神的崇拜，也没有脱离某种圣洁的、与诸神的认识相配称的生活。

啊，朋友们，那么各种东西就构成了三个层级。第一个是现象东西的层级，那些东西并非在其自身存在的、真正的，也并不独立于第二个层级所假定的那些统一之外。但所有这些层级中的每一个都只不过是原型世界的一面活跃的镜子。然而原型世界才是唯一的实在东西。

因而一切真正的存在都只在于永恒概念中，或者说只在于事物的理念中。但只有那样一种原型（Urbild）才是真正绝对的，它并非仅仅是范型（Vorbild），而且并非在自身之外，在另一个东西中具有或产生出它的对立面，而是在下面这个意义上同时在自身中将范型与映像（Gegenbild）结合起来了，即每一个从它那里摹写而成的东西，都是直接从它那里取得统一与对立（只是在完善性上比较有限），并从范型中取得灵魂，从映像中取得身体。

然而这个摹写而成的东西,尽管它必然是有限的,在它自永恒以来便与范型同在的地方,是在没有有限性的缺陷的情况下在无限的意义上被表现出来的。

因而理念或绝对统一是不变的东西,是不从属于任何绵延的东西,是直截了当地看到的实体,必须被视作通常人们所说的那种实体的一种单纯的反照(Widerschein)。

IV, 317

但各种统一是从各种理念中衍生出来的东西。那么如果进一步着眼于它们之中的实体,着眼于它们在其自身存在的情形而言,它们就是那些理念本身;但如果着眼于它们那里衍生物的一面(这一面使它们得以个体化或从统一中分离出来),也着眼于作为衍生物身上的实在东西的实体而言,那么这实体虽说也一直都在映像(Schein)中,如有形实体一般(后者的形式经常发生变化,其本身却不变,而且既不增多也不减少,合乎于不变的东西的本性),那个体化东西却必然是可变的、永不留驻的和可朽的。

因而如果说在理念中有着范型世界和实在世界的某种无限的统一,那么从它当中就产生了摹写而成的统一性,如果一个概念是自行从映像世界(der gegenbildlichen Welt)的无限充实状态中取来某个个别东西的话——它与这个别东西相关联,在这种情况下它与这个别东西的关系就像灵魂与身体的关系一样。现在看来,映像世界的那个部分越大,宇宙越能在那个部分中被直观到,那么映像——它是有限的——就越类同于范型的本性,那种统一也就越接近理念或实体的完善性。

然而如映像一般行事的那种东西,总是具有且必然具有某种可规定的本性,但它所符合的那个东西却是进行规定的东西。现在看来,由于在一切理念的理念中双方直截了当地合而为一,这理念本身却是生命的生命,是一切行为的行为(因为仅仅由于它是行为本身,就不能说它在行动),那么如映像一般行事的东西在这理念那里虽然可以被视作意愿,它所符合的东西却可以被视作思维。

这样一来,在每个事物身上就必定有某些东西是可规定的,另一些东西是进行规定的,前者是神圣意愿的表现,后者是神圣知性的表现。然而意志与知性之存在,其中一方与另一方之存在,仅仅是就其在被创造的各种事物身上启示自身而言,而不是在其自身而言的。然而将进行规定者和可规定者结合起来的东西,却是对绝对实体本身或对理念的模仿。

现在看来,范型类的东西和映像类的东西在哪里开始或终止,这是不可能说出来的。原因在于,由于每一方都与另一方在理念中无限结合起来了,它就不可能在任何东西中分离开来看,而且必然并进至无穷地在一起。

因而从一个方面来看可规定的东西,在其自身中又是一种与范型统一相似的统一(eine der urbildlichen ähnliche Einheit),而在后一种统一身上作为可规定的东西显现出来的东西,为其自身而言乃是由可规定的东西与进行规定的东西混合而成的一种统一。因为映像世界中的现实性有多么无限,范型世界中的可能性就有多么无限,而且前一个世界中的可能性与后一个世界中的现实性之间就产生了越来越高的关联。

因此某个东西身上可规定的因素越是具有那进行规定的因素——它是无限的——的本性,在它之中表现出来的可能性与现实性就达到越高的统一。因此那些有机的身体,尤其是其中那些最有机的身体,便是所有可规定的东西中最完善的东西,这无需任何证明。

现在看来,由于灵魂直接便单纯是身体的统一,而后者必然是个别的,照其本性来看是有限的,那么灵魂的种种表象就必然是含混不清而名不副实的。因为就此而言实体就并非在其自身而言,而是在与进行规定的东西和可规定的东西的对立的关联中而言的,并非作为双方在其中绝对合而为一的东西,而是作为以有限的方式将双方结合起来的东西,才对它显现出来的。

但在灵魂与身体的那种关联中,理念本身,或灵魂与身体的实体,与绝对实体产生了一种外在的关系,而且其本身首先受到身体与灵魂规定,然后还受到其他一些与身体的概念结合在一起的东西规定,便得服从于时间和绵延;但它本身,绝对实体,却得作为存在的根据去加以了解(这存在却是与完善的认识最相对立的东西),而在灵魂与身体的关联中的理念本身或实体,却既在其自身外,在其他各种事物中,也在其自身中。因为正如它自身在和身体与灵魂的那种特定的统一的关联中只是真正的统一的一个摹本,那么其他各种事物身上的一切实在东西,也便在同样的意义上是它的一个摹本。那么这便是现象世界从各种统一中产生的方式。

然而每一种统一在其自身来看,撇开灵魂与身体的对立不谈,都是完善者和绝对实体本身,因为后者不是在与其他事物发生关联的意义上,而是直截了当地和在其自身而言便不可分,就每一种统一而言它都是可能性与现实性在其中合而为一的那同一个绝对者;而且由于它受它的本性本身的阻碍而不能分有量,由于它通过它的概念而成为太一,那么各种统一中的每一个都是一个完善的世界,自给自足,而且有多少种统一,便有多少个世界,然而这些世界由于每一个都是同样完整的,每一个在其自身都是绝对的,便不再相互区别,而是构成了同一个世界。

我们现在考察一下统一中的那种自在(An-sich),便会看到,没有任何东西能从外面进入到统一之中,因为就此而言它是绝对的统一本身,涵容万物,并从自身中表现自身,且从不被划分,如各种形式自行分离那般。因而每一种统一中的生产者便是万物的完善性本身,但使得这种完善性中的永恒者对那种统一而言变为某种时间性东西的,却是那种统一中起着限制作用和进行个体化的本原。

因为每一种统一的自在总是以同样的方式将宇宙呈现出来,但特殊东西在自身中反映那种绝对的统一的程度,取决于多少东西能通过灵魂与身体的相对对立(relative Entgegensetzung),被这种统一表现出来;而且由于这种对立的方式规定了灵魂与身体的完善性是大是小,那么在时间的意义上看,每一种统一就都依照它的发展层级将宇宙呈现出来,而且每一种统一中出现这种情形的程度,都取决于这种统一通过个体化本原能在自身中设定下来多少东西。但每一种统一都以这种方式规定了它的受动与行为,因为它步出与永恒者的共同体之外,而万物的理念都在永恒者中,不必相互受动,每一个都是完善的、同样绝对的。

IV, 320

因而没有任何实体能作为实体而受到另一个实体影响,或者影响另一个实体,因为每一个实体本身都是不可分的、完整的、绝对的,都是太一自身。灵魂与身体的关系不是有差别的双方之间的关系,而是统一与统一的关系,其中任何一种统一在其自身地看来又依照其特殊本性而在其自身中呈现出宇宙,都不是通过因果连接,而是通过在永恒者中得到规定的那种和谐,而与另一种统一相合的。但物体本身却是被物体推动的,因为它自身仅仅属于映像,在真正的世界里却是没有任何过渡的;因为自在(An-sich)是统一,这种统一真正看来既不能也不需要对其他事物产生作用,而是永远自相类同,总是从无限者中创造出无限者。

然而那直截了当地存在着的太一,却是一切实体的实体,这实体被称作上帝。具有它的完善性的那种统一,就成了一切统一的普遍方所,它与那些统一的关系,就像映像的王国里上帝的仿相(Ebenbild)——即无限的空间——与各种物体的关系,那个空间不受个别东西的局限影响,穿透了一切。

只有就关于各种统一的表象是不完备的、受限的、混杂的而言,才能说它们在上帝外部设定了宇宙,而且宇宙以上帝为根据,然而就那些表象是完备恰当的而言,可以说它们是在上帝之中设定了宇宙。因而上帝是一切理念的理念、一切认识的认识、一切光的光。万物从他产生,也回归于他。因为首先,现象世界只能存在于各种统一之中,而不能与它们相分离,因为只有就它瞥见了统一的浑浊映像而言,才能说在那些统一中的宇宙是感性的,是由各种易逝的和不断变化的分离事物构成的。然而那些统一本身又只有联系到现象世界而言才可以说是与上帝相分离的,但它们在其自身而言却是在上帝中的,而且与上帝合而为一。

啊,朋友们,这里只涵括了那个学说最主要的几点内容,但我认为证明如下这一点就足够了,那就是即便这种形式的哲学也回溯到了太一,而太一则被规定为那样的东西了,在它之中一切都没有对立而存在着,而且只有在它之中,万物的完善性和真理才被直观到。

布鲁诺:啊,朋友们,按照你们的意思,考察实在论与唯心论的种种对立就更属多余了。只是我们离开的时间就要到了。啊,琉善,那就让我们争取用最简要的谈话抓住最丰富的东西,而且你强烈地感觉到下面这个问题就是这项研究的根据:唯心论必定与之形成对立的是哪种实在论,实在论必定与之形成对立的是哪种唯心论。

琉善:因而似乎首先就有必要在一般意义上说一说,唯心论与实在论如何才能区别开来。然而如果两者都以最高的那种认识为目标,它们就不是通过对象区别开来的,因为对象必定只有一个。但如果它们一般而言并不是某种思辨的东西,或者是两者中的一个,或者同时是两者,那么在前一种情况下就不可能进行任何比较,在后一种情况下研究它们的差异就不值得了。但一切哲学研究的那个太一都是绝对者。

布鲁诺:因而在两者中,绝对者都必定在同样的意义上成为最高的那种认识的对象。

琉善:必然的。

布鲁诺:那么你的意思是,它们是通过考察方式区别开来的了?

琉善:我想是这样。

布鲁诺:但如何区别开来呢?是在绝对者中有某种差异或双重性吗?或者不如说,绝对者并非必然且直截了当便是一体的?

琉善:在它自身中并没有什么双重性,不如说只有在考察时才出现双重性。因为当它那里的实在东西被考察时,便产生了实在论,当它那里的观念东西被考察时,则产生了唯心论。但在它自身中,实在东西也就是观念东西,反之观念东西也就是实在东西。

布鲁诺:你似乎有必要规定一下,你所说的实在东西是什么,你所说的观念东西又是什么;因为正如我们所知,这些语词的含义极为不同。

琉善:因而在这项研究中,让我们一般将实在东西理解成本质,将观念东西理解成形式。

布鲁诺:那么实在论就是通过对绝对者的本质的反思,而唯心论则是通过对绝对者的形式的坚守而产生的了。

琉善：是这样。

布鲁诺：然而难道我们没有说过，在绝对者中形式和本质是如何必然合而为一的吗？

琉善：必然如此，正如在有限者中本质与形式相区别。

布鲁诺：但如何合而为一呢？

琉善：不是通过结合，而是由于每一方为其自身而言都是同一个，亦即每一方为其自身而言都是整个绝对者。

布鲁诺：实在论与唯心论，其中一个依照本质来考察绝对者，另一个依照形式来考察绝对者，那么二者必然且无矛盾地在双方中只看到同一个事物（如果一般而言在那里存在着一个事物的话）——同一个对象。

琉善：显然如此。

布鲁诺：但该怎样称呼这样一种并不基于某种同时存在（Zugleichseyn），而是基于某种彻底的类同存在（Gleichseyn）之上的统一，才算最好？

琉善：我们先前已经——我认为这样并非不合适——称之为无差别状态，而且这样的称呼正好表达了对于考察方式的那种漠不关心的态度。

布鲁诺：但如果唯心论和实在论是哲学的最高对立面，难道那种没有任何对立的哲学——绝对的哲学（der Philosophie schlechthin）——的洞见不是基于这种无差别状态的洞见之上的吗？

琉善：毫无疑问。

布鲁诺:让我们进一步探究一切秘密中的这个最高秘密。我们早先不是已经确定了吗,绝对者本身既不是一切对立者中的一方,也不是另一方,它是纯粹的同一性,而且根本不是它之外的任何东西,亦即完全是绝对的。

琉善:诚然如此。

布鲁诺:然而关于形式我们达成的共识是,它是一方和另一方的形式,亦即观念性和实在性的形式、主体东西和客体东西的形式,但双方都具有同等的无限性。

琉善:是这样的。

布鲁诺:然而如果在主动的意义上来思考,主体东西和客体东西的每一种统一都是一种认识活动。

琉善:不言而喻。

布鲁诺:因而一种在同等无限的意义上既是观念性的又是实在性的认识活动,便是一种绝对的认识活动。

琉善:确定无疑。

布鲁诺:进一步说,一种绝对的认识活动绝非与某种存在形成对立的思维,它毋宁已经将思维和存在本身结合在自身中,而且是在绝对的意义上这样做的。

琉善:毫无疑问。

布鲁诺:因而它也将思维和存在置于自身之下,而非置于自身之上了。

琉善:它必然比这两者更高,就两者对立起来而言。

布鲁诺:然而这种认识活动与永恒者的本质处在绝对无差

别的关系中。

琉善：必然的，因为它就是形式。

布鲁诺：然而由于它将思维和存在置于自身之下，那么我们就不可能使思维或存在成为绝对者自身——依照本质而言——的直接属性。

琉善：不可能。

布鲁诺：那么我们就能够从形式的那一方面将那样一种实在论视作完满的了，它将思维和广延视作绝对者的直接特质，正如人们通常惯于对待那一般被当作最完满的实在论那般？

琉善：我们永远不能这样做。

布鲁诺：然而那些无论以何种方式将思维本身弄成本原，并将存在与它直截了当地对立起来的人，我们会将其完全算作哲学中的未成年人。

琉善：说得很好。

布鲁诺：然而难道下面这种做法不是很有必要吗，即我们将绝对的认识活动描绘成那样一种活动，在它之中思维也直接是对存在的一种设定（Setzen），正如对存在的设定也是一种思维，而不是存在在有限认识中显现为思维的某种非设定（Nichtsetzen des Denkens），正如思维显现为存在的某种非存在（ein Nichtseyn des Seyns）？

琉善：不可避免的，看起来就是这样。

布鲁诺：但我们不是正因此便同时进行了设定吗，因为就设定而言，不存在思维与存在的任何对立，那种绝对的认识活动直截了当地就是同一的、单纯的、纯粹的、没有任何分化的。

琉善：这话很中肯。

布鲁诺：因而思维与存在仅仅依照潜能阶次，而非依照事态（That）而言才在它之中存在。某种事物从中分离而出的那个东西，无需包含分离出的东西，反而可以直截了当地是单纯的。那种认识活动，正因为它是绝对的，便在与有限性的关联中，或者一般而言，在与现象的关联中，使得思维与存在的分离成为必然，否则它作为绝对的，就不能在各种有限的东西上表现出来了；然而那两者首先就与分离一道被设定了，而且不在任何意义上在分离之前和在那种认识活动中现成存在。

琉善：我不得不赞同所有这些话。

IV, 325

布鲁诺：然而难道思维与存在在有限者本身中永远不能再以绝对的方式，因而总是仅仅以相对的方式结合在一起了吗？

琉善：如果依照形式而言，有限性基于思维与存在的对立之上的话，那么这就是必然会得出的结论。

布鲁诺：然而在有限者之中不是也必然有那样一个点存在吗，在那里双方并非绝对不分离，却是绝对结合起来的，也就是说，在那里绝对者的那种表现于无限者之中的本质完全通过那呈现于有限者或存在之中的本质呈现出来了？

琉善：我们推导出了这样一个点。它必然是那样一个地方，在那里无限的认识活动本身作为主观东西，与某个客观东西相关联，那客观东西将主观东西全部的无限可能性呈现于作为现实性的它自身之中。它是无限者卷入有限者之中的那个点。

布鲁诺：然而如果撇开客观东西表现于有限者之中的那种无限性不论,无限的认识活动与客观东西的那种关联就是与某种个别东西的关联。因而思维与存在的统一只有在理念和某种理智直观中才是绝对的,然而实际上或在现实中却总只是相对的。

琉善：这话很有启发性。

布鲁诺：现在看来,由于我们一般将思维与存在的那种特定的统一称作自我性(Ichheit),那么就这种统一在理智的意义上被直观而言,我们就可以称之为绝对的自我性,而就它是相对的而言,我们就可以称之为相对的自我性。

琉善：毫无疑义。

布鲁诺：现在看来,在相对的自我性中,各种客体虽然通过那种以客观的方式被设定了的认识活动与它的无限概念的关联,而被设定和规定为无限的,却只是为了它们的有限性和在它们的有限性中才被这样设定和规定的,有限者和无限者的对立只是相对地被消除了,产生了一些相对的真理,产生了虽说无限,却也仅仅相对的知识。

琉善：在这一点上我们也是一致的。

IV, 326　**布鲁诺：**然而在绝对的自我性中或在理智直观中,各种事物并非为了现象(即使是以无限的方式)被规定,而是依照永恒的性格或者如其在自身存在那般被规定的。这就产生了绝对的知识。

琉善：必定是这样。

布鲁诺：就各种客体仅仅通过相对的知识而在无限的意义

上被规定而言,它们也仅仅通过这种知识并为了这种知识而存在。

琉善:当然。

布鲁诺:而如果我们希望在普通的意义上仅仅将观念性视作感性实在性的对立面,而认为唯心论无非就是一种否认感性世界的实在性学说,那么一切哲学都与如此这般被规定的各种事物相对立,都必定是唯心论,也必然与同样普通意义上的实在论相对立。

琉善:必然的。

布鲁诺:在主体与客体的这种单纯的相对统一的立场上来看,双方的绝对统一作为完全独立于它们之外的东西,是知识所达不到的。只有在行动中,它才变得合乎它在相对的知识中得到维持的那种本性,也就是说,它是一种完全独立于这种知识之外的统一,是客观的,因为客观东西在应当发生的事情中显得就是某种绝对不是任何知识的东西,因为知识(依照预设来看)是有条件的,而客观东西却是无条件的。这样就牢牢地确立了绝对者与知识和认识的差别关系。因而从相对的知识出发,原初实在东西(das Urreale)就被推到伦理学中,而对原初实在东西的思辨则被推到义务上了。在这里,思维与存在的统一最初显得是断然的和绝对的,然而因为现实性与可能性的绝对和谐在时间中永不可能,这种统一便没有绝对被设定,而是绝对被要求,因而它对于行动而言就是命令和无限使命,对于思维而言则是信仰,这种信仰是一切思辨的目的。

琉善：这些推断是正确的，这毫无疑义。

布鲁诺：既然思维与存在的绝对统一仅仅作为要求而实存，那么在它存在的地方——比如在自然界——就到处都只通过应当（Sollen）且为了应当而存在。这不仅仅是一切行动的元素（Urstoff），也是一切存在的元素。只有对于伦理学而言，自然才具有一种思辨的意义，因为一般而言自然只是工具，只是中介：并非为了自然自身的神圣性，认为自然并不为了它自身之外的目的，在它自身就是美好的，而是认为自然为其自身而言是僵死的，是在它外部且并不出自于它的某种行动的单纯对象与材料。

琉善：可以如你所说的这般推论。

布鲁诺：难道基于这样一种知识之上的某种哲学，不是完美地呈现了普通意识的总括，并与那种意识完全相称，而又——正因此——没有丝毫哲学味道吗？

琉善：确定无疑。

布鲁诺：那样一种唯心论，既然失去了绝对的统一，便不是将绝对的无差别之点，而是将存在隶属于思维，将有限者和永恒者隶属于无限者的那个相对的无差别之点当成本原，它难道不是必然会与实在论对立起来吗？

琉善：无可争议的，如果实在论基于绝对者的本质之上，而与绝对者相类同的又只能是绝对的认识的话。

布鲁诺：正因此，难道这样一种实在论在其自身也没有任何观念东西，反而只将表面显现出来的观念东西当成本原了吗？

琉善：必然的，因为否则的话它就会超出一切对立之外，以实在论看待自身了。

布鲁诺：但纯粹的主体—客体(Subjekt-Objekt)，那绝对的认识，绝对自我，一切形式的形式，天生便是绝对者的儿子，与绝对者同等永恒，与它的本质无异，反而合而为一。因而谁有了这个儿子，也便有了那位父亲，只有通过这个儿子，人们才能走向那位父亲，而出自这个儿子的教导，也就是出自那位父亲的同一种教导。

因而绝对者中的那种无差别状态，即就绝对者而言理念就是实体，就是直截了当的实在东西，形式也是本质，本质就是形式，其中一方与另一方密不可分，每一方都不仅仅是另一方的完全类同的仿相(Ebenbild)，而且就是另一方本身——了解这种无差别状态，就意味着了解真理的绝对重心(Schwerpunkt)，仿佛还了解真理的那种原金属(Urmetall)①，一切个别的真东西都是由后者合制而成的，没有了后者，就没有任何真东西了。

这个重心在唯心论与实在论中是同一个，而如果唯心论与实在论这双方对立起来了，那不过是由于在某一方抑或双方中对这个重心缺乏认识或完美阐述。

然而谈到科学的形式，以及那样一种要求，即让那种本原的密实胚胎达到最高的发展，达到与宇宙形态的完美和谐（哲学应当成为它的忠实摹本），为了达到这个目的，我们既不能为我们

---

① 原金属是当时的自然哲学中的一个概念。当时有自然哲学家认为原金属是土壤的核心物质，从原金属中能分离出所有其他金属来。Cf. J. J. Stutzmann, *Philosophie des Universum's. Versuch einer neuen Organisation des gesamten philosophischen Wissens*, Gredy und Breuning, Erlangen, 1806, S. 126。——译者注

自己，也不能为其他那些我们日日得见的人指定比一位先哲在如下话语中留下的这个规则更卓越的规则了：为了探入自然最深的秘密，人们必须孜孜不倦地探究事物的那些对立和矛盾的端点；最伟大的事业并非找到那个结合之点，而是还要从这个点发展出它的对立者，这才是艺术的真正的和最深的奥秘。

顺着这一点走下去，我们才会在本质与形式的绝对类同性中认识到有限者和无限者如何从这种类同性的内部涌流而出，而且它们中的一方如何必然且永远与另一方相伴相生；并理解从绝对者发出且就是绝对者自身的那一束单纯的光线如何会显得分裂为差别与无差别状态、有限者和无限者了；准确地规定宇宙的每一个点上是如何发生分离与统一的；还将这个问题一直追索到那个绝对的统一之点显得分裂为两个相对东西的地方；并在一方中认出实在的和自然的世界的源头，在另一方中认出观念的和神圣的世界的源头；又凭着前一个世界颂扬上帝自永恒以来的道成肉身①，凭着后一个世界颂扬人必然成圣②；而当我们畅通无阻地在这部精神的梯子上上下运动，此时下降，将神圣本原和自然本原的统一分裂开来，彼时攀升，又将一切重新化解到太一中去，这样我们就在上帝中看到自然，在自然中又看到上帝了。

当我们达到这个高度，并直观到那种美妙认识的和谐之光，同时却又将这光当作神圣本质的实在东西之后，我们就能看到

---

① Menschwerdung，字面意思为"成为人"。——译者注
② Gottwerdung，字面意思为"成为上帝"。——译者注

最光辉夺目的美,同时又不因看到它的光景而目眩,还能生活在与一切诸神的圣洁共同体中。然后我们就会把握住朱庇特那帝王般的灵魂;力量归于他;然而那赋予形式的本原和那无形式的本原却在他之下,一位地底的上帝在深渊的深处重又将这些本原连接起来了:但他却居住在那凡人难以企及的以太中。即便宇宙的种种命运,终究也会向我们显出真容;而神性本原从尘世撤回的景象是我们所不知的,正如那与形式联姻的物质几经辗转便成为僵死的必然性,在一切神秘学中都传达出来的关于某位上帝的命运与死亡(如奥西里斯的受难和阿多尼斯①的死亡)的观念也是我们所不知的。然而我们的目光首先被投向了上界的诸神,而且通过直观活动达到了对那最圣洁的存在的分有,就像古人所说的,我们真的会得到成全,因为我们不仅逃离了有朽性,而且感受到了那些不朽财富的荣耀,并生活在那个庄严的国度里。然而,啊,朋友,慢慢降临的夜幕和寂寥闪耀的星光在催促我们了。让我们离开此地吧。

---

① 奥西里斯和阿多尼斯分别为源自于古埃及和古叙利亚的植物神。——译者注

谢林著作集

论全部哲学批判的本质[1]

（1802）

F. W. J. Schelling, *Ueber das Wesen der philosophischen Kritik überhaupt, und ihr Verhältniß zum gegenwärtigen Zustand der Philosophie insbesondere*, in ders. *Sämtliche Werke*, Band V, S. 3-17, Stuttgart und Augsburg, 1859.

---

[1] 该文构成了谢林和黑格尔主编的《哲学批判杂志》（*Kritische Journal der Philosophie*）的"导论"，二人对此文均有贡献。读者可参见这一卷的序言。——原编者注

该杂志名称的正式写法为 *Kritisches Journal der Philosophie*，原编者在书写时依照德文惯例，在行文中因为前文加上了定冠词 das 而将"批判"写成了"Kritische"字样，并非笔误。在收入《全集》前，该文在杂志中的具体文献信息为：*Kritisches Journal der Philosophie*, hrsg. v. F. W. J. Schelling und G. W. F. Hegel, Ersten Bandes erstes Stück, J. G. Cotta'schen Buchhandlung, Tübingen, 1802, S. III-XXIV。（该卷杂志未见原编者所说的"导论"[Vorwort]，或见于其他地方。）另外，中译本将原标题"论全部哲学批判的本质尤其附论它与当前哲学状态的关系"简化为"论全部哲学批判的本质"。——译者注

批判无论被用于艺术或科学的哪个部分，都需要一个标准，这个标准不应取决于评判者，正如其不应取决于被评判者一样，它并非来自于个别现象，或者主体的特性，而是来自于事情本身永恒而不变的原型。正如优美艺术的理念不是在艺术批判中才被创造或发明出来，而是直截了当地被预设下来的，同样在哲学批判中，哲学本身的理念是条件（Bedingung）和预设（Voraussetzung），若是没有这条件和预设，哲学本身必须设定到一切永恒性之中的便只是各种主体性之间的关系格局，而永远不是绝对者对有条件者的关系格局。

由于哲学批判不是通过在一部作品中表现出来的客观性机能（Vermögens zur Objektivität）评判，而只能通过对象，或通过作为对象之基础且只能成为哲学本身的理念的那种理念本身，才能与艺术批评区别开来，那么（由于——这涉及前面那种机能——哲学批判和艺术批评同样可以提出普遍有效性方面的种种要求）谁如果不是想否认判断依然具备的那种客观性可能体现出同一种理念，只不过形式有所不同罢了，反而主张可能存在着本质上不同却同样为真的许多哲学——这种想法真正说来是不值一顾的，尽管它能给人们带来极大的慰藉。哲学有一种，也只能有一种，这一点的根据是，理性只有一种；而如果说不可能有各种不同的理性，那么在理性及其自我认识之间也不可能有什么隔阂，使得后者能成为现象的某种本质差异性，因为理性如果绝对地来看，或者就其在自我认识中成为它自身的客体，因而成为哲学而言，重又只是同一个，因而也完全是等同的。

由于在哲学本身中出现某种差异性的根据,在哲学的本质中是不可能找到的(这本质直截了当地只有一个),在以客观方式塑造哲学的理念的那种机能的不均等①中,也是不可能找到的(因为从哲学上看,理念本身便是一切,而描绘这个理念的那种机能则属于这理念的财产,这财产赋予哲学的只是另一个并不为哲学所特有的方面),那么那样一种可能性,即存在着无穷多而且各自有别的反映(它们中的每一个——它在本质方面被设定为不同于其他的反映——对于其他各种反映而言都必然要求同等的权利)的可能性,便只有通过下面这一点才能产生,即当哲学被规定为对绝对者的一种认识时,绝对者无论作为上帝还是处在不同于自然的某个别的方面,都要被设想为与主观认识处在坚固而绝对的对立之中。

只不过即便在这个方面,差异性也必须扬弃和改善其自身。因为当认识被想象成某种形式要素的时候,它在与对象的关系中便被设想为完全被动的,而那有能力接受神性或有能力对自然进行纯客观直观的主体,则被要求一般而言不要与任何一种限制结成一切别的关系,并克制自己的一切活动,因为那样会使感受的纯粹性被搅浑。通过接纳活动(Aufnehmen)的这种否定性和客体的类同性,被想象为结果的那种对绝对者的认识,以及由此产生出来的一种哲学,就一定又只有一种,而且到处都必然是同一种。

由于理性的真理如同美一样只有一种,作为客观评判的批

---

① 指这种机能作为主观禀赋,在各人身上体现得不均等。——译者注

判就完全是可能的,而且下面这一点自然就得出了,即这种批判只有对那些认为有单独一种哲学的理念存在的人而言,才有某种意义;它只可能涉及那样一些作品,在那些作品中人们能看到,这种理念或多或少清晰地被表现出来了。批判的工作在缺乏那种理念的那些人和那些作品上是彻底失落了。由于理念的这种缺乏,批判进入了最大的窘境,因为如果说一切批判都是将事物纳入理念之下,那么在缺失这理念的地方,一切批判就必然停止,而这批判除了被抛弃,就没有别的直接出路了。但在被抛弃的时候,它却彻底打断了缺乏哲学理念的东西与那理念为其所用的东西之间的一切关联。因为相互的承认就此被消除了,便只有两种主体性相互对峙;相互之间没有任何共同点的东西,正因此便有了同等的权利,而由于批判宣称那尚待评判的东西可以是任何东西,唯独不是哲学,鉴于那尚待评判的东西又只希望成为哲学,故而宣称那东西什么也不是,因此批判便自处于一个主体东西的地位上,而它的言说就显得只是一种片面的命令了;由于批判的所作所为应当成为客观的,那个地位便直接与批判的本质相矛盾了;批判所做的判断便是向哲学的理念所做的一种申诉,然而哲学的理念由于并未受到对手的认可,对于这对手而言它便是一个陌生的法庭。针对将非哲学与哲学分别开来的这种批判所陷入的局面(即站在一个方面,而到对立面上寻找非哲学),没有任何对治之法是可以直接起效的。因为非哲学与哲学是否定的关系,因而不可能涉及哲学,那么剩下的事情无非就是叙述一下,这个否定的方面如何表达出来,它又是如何承认它一无所是（Nichtsseyn），那一无所是就其有某种现象（Erscheinung）而言，就意味着和承认了平淡无奇；而由于下面这种现象不可或缺，即起初什么也不是的东西，在推展的过程中却显得（erscheine）越来越多于虚无（nichts），使得它几乎可以普遍如其本然地得到认识了，那么批判便由于这种从最初一无所有的状态开始不断得到推进的建构，就又迁就了在最初表达时只能显得任意和任性的那种无能。

然而在哲学的理念实际存在的地方，批判的任务便是弄清楚这理念自由而清楚地显现出来的方式和程度，以及它在多大范围内将自身塑造成一个科学的哲学体系。

说到后者，当哲学的纯粹理念在还没有测定科学的范围的情况下，凭着尚处稚嫩状态、尚未达到某种体系性意识的那种客观性的精神表达出来时，人们必定满心欢喜，乐于假定这样一个科学的哲学体系；这体系是那样一个优美灵魂的摹本，它过去疏于防范思维的原罪（Sündenfall），却又缺乏投入到原罪的怀抱之中并将原罪的责任贯彻到死的勇气，因此它也不曾在科学的某个客观的整体中达到自我直观（Selbstanschauung）。然而这些精神的空洞形式（简单说来它们其实是无精神的，它们希望规定哲学的本质和主要事情），既没有科学的意义，也没有什么能提起人们兴趣的意义。

然而如果说哲学的理念变得更科学了，那么在对哲学的理念的描绘中掺混进去的主体性或局限性，是要很好地与那样一种个体性区别开来的，尽管哲学的理念与对这理念的纯客观描述是类同的,那种个体性也会将它的性格表现出来;批判首先要转向哲学的那种因此被搅浑了的假相,并将它撕破。

如果说这里表明,哲学的理念真正浮现在眼前了,那么批判便能坚守表现出来了的要求和需求,坚守那需求在其中寻求满足的客观东西,并且驳斥从它自己的那种追求完备客观性的真诚趋势产生出来的形态的局限性。

但这里可能有两种情形。或者①是意识没有真正发展到超出主体性之外;哲学的理念没有提升到对自由的直观的清晰洞察,而停留在某种更昏暗的背景中,这大约也是因为,那些表现了许多东西而又有着某种巨大权威的形式,还阻碍着人们向纯粹无形式状态,或者这样说也一样,向最高形式突破。如果说批判不能使作品和事态充当理念的形态,它却不会错认那种奋进之势(Streben);真正科学的兴趣在于将那阻止人们在内心奋发向上以求得见天日的那个皮层磨破;了解精神的种种反映的多样性(这些反映中的每一个都必定在哲学中具有它的一个层面),以及这些反映的附属因素和缺陷因素。

或者是事情表明,哲学的理念已经越来越清楚地被认识了,然而主体性就其必须挽救自身而言,是努力要抵制哲学的。

这里应当做的不是去提升哲学的理念,而是揭穿主体性为了逃避哲学而运用的那些诡计,以及以局限性为一个稳固立足点的那种虚弱心态,这部分是为了主体性自身,部分是为了使那与某种主体性打交道的哲学理念变得直观可见;因为那种理念

---

① 与此并列的下一个"或者……"见下一段。——译者注

的真正能量与主体性是互不相容的。

然而批判首先还不得不依赖某种手法,那种手法预先就要占有哲学,使用了伟大的哲学体系用以表现自身的那些形式与言词,与哲学一同言说了许多,然而在根本上却是一团空虚的言词迷雾,根本没有什么内容。这样一堆没有哲学理念的废话之所以长袖善舞,特别没有节制,最后建立起某种权威,部分是因为人们以为,如此厚重的皮层却没有内核,这根本不可思议,部分是因为空洞的言词普遍是很容易理解的。由于再没有什么比哲学的严肃态度转变为陈腔滥调更令人讨厌的了,那么批判为了防止这样的厄运,必须准备好一切武器。

大体而言,这些不同的形式正是多多少少大体上在支配着这份批判杂志①所针对的今日德国人的哲学运思。然而此外它们还有一种特征,即自从一种科学的理念,尤其是作为科学的哲学的理念被康德,尤其被费希特提出以来,而且自从通过有关这个或那个对象的某些哲学思想——比如在各种学会的论文中——使自己作为哲学家名世的可能性成为过往以来,以及自从个别的哲学运思失去了全部的信誉以来,哲学上的每一次开端都扩展为一门科学和一个体系,或者至少作为整个哲学的绝对本原耸立起来;这个特征还在于,这样一来就产生了大量的体系和本原,它们使得公众中热爱哲学运思的那部分人表面看起来与哲学在希腊的那种状态有些相似了,那时每一个比较出色的哲学头脑都将哲学的理念扩展到希腊的个人那里。同时哲学的自

---

① 指《哲学批判杂志》。——译者注

由、对权威的超越和思维的独立性，这些在我们这里似乎都得到了广泛的发展，以至于人们认为，作为哲学家却求助于一种已有的哲学是极不光彩的；而独立思考(Selbstdenken)便必定意味着提醒自己要有发明出完全特有的和新的体系的那种原创性。

这样一来，哲学的内在生命在产生外在形态时，越是必然使这形态带有这生命特有的有机体形式，那么天才的原创东西就越是不同于**以原创性**自居的那种**特殊性**；因为细察之下可以发现，这种特殊性实质上维持在文化的阳关大道①内部，而且永远不可自诩为挣脱这条大道，抵达了哲学的纯粹理念那里；因为如果说它抓住了这种纯粹理念，它在其他种种哲学体系中也会认出同一种理念，而且正因此，虽说它必须维持它自己活生生的形式，却不能给自己加上某种**特有的哲学**的名号了。它在那条阳关大道内所创造的它特有的东西，乃是一种特殊的反思形式，那种形式是从任何一种个别的，因而附属性的立足点都能抓住的，它在一个知性发展得千人千面，尤其在哲学上将知性加工得繁复多样的时代，唾手可得。这些原创性趋势和对特有的形式与体系的繁复多样的追求汇集起来所呈现出来的，与其说是希腊的哲学园地里繁复多样的活生生的形态自由地竞相生长的场面，不如说是受诅咒者烦恼痛苦的场面，他们必定或者永远受到他们的局限性的束缚，或者从一种局限性走向另一种局限性，见到任何局限性都极端钦慕，并一个接一个地扔掉这些局限性。

V, 9

---

① der allgemeinen Heerstraße，直译为"通用军事公路"，比喻司空见惯的大道，这里采取意译。——译者注

关于将**这样**一种**特殊性**扩展**为体系**和将其描绘为整体的工作，当然更艰难，那特殊性也必定毁于这项工作中，因为有局限的东西如何能将自身扩展为一个整体，同时又不会正因此而击溃其自身？对某种特殊本原的追寻已经走到了占有某种特有的、仅仅满足其自身的东西的地步，那种东西避开了对知识的客观性和总体性的要求。然而在客观的形式下，整体或多或少存在着，至少作为一些材料、作为大量知识现成存在着；强行推进它，并以此毫不动摇地贯彻它特有的概念，这是很困难的；而由于它一度存在而赞同它，同时却又不顾及整体关联，这永远都是不允许的；看起来最有创造性的做法是，不顾整体关联，并将它最特有的本原视作唯一的本原，同时又失去了其余的知识本身可能为之忧心的那种整体关联①；看起来测定那根本性的本原在科学上的客观范围毋宁是一项低等的工作。然而如果这个范围部分而言并无缺失，部分而言却又免除了将多种多样的知识归于那隶属于其自身而又与本原的局限性同在的那种整体关联之中，那么那样一种手法就将一切这类挑战集于一体了，它只是暂时进行哲学运思，这就是说，它举出现成的东西，这不是从某个知识体系的需求出发，而是从那东西是否还能促使人们动用脑子作些思考出发的；因为否则的话那东西现成存在着还有什么用呢？

从这方面来看，批判哲学完成了一件上好的功绩。这就是

---

① 原稿中"失去(ohne)……整体关联"原本是"为了(um)……整体关联"，那必须被视作印刷错误。——原编者注

说,倘若通过哲学证明了(用哲学的话语来说),各种知性概念只能运用于经验中,理性如要从事认识,通过它的种种理论性理念便只会陷入种种矛盾中不可自拔,而且对于知识而言,一般来说它的种种客体必须通过感性才能被给予,那么这一点就会被人用来当作在科学中放弃理性并献身于那种最粗野的经验论的理由。如果说最粗疏地埋首于经验之中的那些概念,被某种无精神的反思的一次次最刺眼的诞生污染了的某种直观,冒充了内在经验和外在经验,也冒充了意识的事实(Thatsachen des Bewußtseyns),也怀着不知从何而来的关于"这事就在意识中发生着"的担保,在这个头衔之下攫取了一切,这种做法就得诉诸批判哲学,后者证明经验和知觉对于认识是必要的,也不允许理性对于知识有任何建设性的关系,而只允许它对于知识有一种调节性的关系。一种哲学形式,除了采用非哲学(Unphilosophie)和非科学性(Unwissenschaftlichkeit)这些说法——正如它们通常随意鄙薄哲学那样——来为自身辩护之外,同时还以此得到了一些更高的收益,亦即使得人类健康知性(den gesunden Menschenverstand)①和每一种狭隘的意识,与它们的鼎盛状态之间达成和解,换句话说,使得人类每一次的最高道德利益与哲学之间达成和解。

V, 11

然而如果主体性没有顾及它在将自身呈现为体系时所遇到

---

① 当时社会上流行的一种启蒙主义观点,常常无根据地认定"人类健康知性一定会如何如何",以便武断地攻击对手。谢林和黑格尔提到这个说法时,往往是为了反讽。下文中的"人类普通知性"也属于此类。谢林在接下来的本卷第14页(见本书边码)便直言不讳地指出了启蒙的这个弊病。——译者注

的困难(这也是因为批判哲学至少已经使得大量有限的形式令人生疑或一无所用了),对它的局限性有了某种洞见,又肯为糟糕的良心担保,而且害怕将自身视作绝对的,那么它如何能在罔顾它自己更好的知识和浮现于脑海中的哲学理念的情况下得到维持并行之有效?——暂时只会从某种被承认为有限的形式开始,那种形式会表现的,无非是表面来看非常任意的那个起点,虽然那个起点并非为其自身而耐久的,人们却会顺手令其生效(因为它的有用性已经展示),基于需求之上便仅仅临时性地、成问题地和假设性地令自己短暂地中意,没有了进一步的要求;然后那个起点一定会确认自身为合法;——现在看来,如果我们从这起点出发到达了什么真确的东西,那么对成功地将这起点打发掉的感激之情,便会将这个任意的起点当作必要的东西,并认为它经受住考验。只不过由于那真确的东西如果要在那起点的基础上被造就出来,并不需要任何襻带,而是仿佛自带了为其自身而出场的力量,也由于有局限者本身(为了它,这里甚至要承认,它被公认在其自身内是没有什么能持存的内容的,它反而只有某种假设的和成问题的东西)到最后还会被证明是某种真正真确的东西(ein wahres Wahres),这就表明,事情主要与拯救有限性有关;后来不再具有假设性的东西,也可能一开始并不存在,或者说起初是假言式的东西,后来可能不再是定言式的;据说它通常同样是以很绝对的面目出现的,然而由于——这很合理——它对此过于胆怯,那么人们就需要走走曲线,才能将它偷运进来。

这样一个有限的起点被误当作某种暂时的假设性东西，那么由于该起点表面显得没有任何进一步的要求，这种假相只会带来进一步的错觉；如果这起点很谦虚地作为一种假设性的东西，或者马上作为一种确定的东西出现，这两种情形都会导致同样的结果，即有限者如其所是的那般，保持在它的分离状态中，而绝对者则是某种理念、某种彼岸，亦即带有了某种有限性。

V, 12

确定的起点为了成为确定的，在直接的意识中就被抓住了，这个起点似乎以它直接的确定性代替了它由于身为一个有限的起点而缺乏的东西；而纯粹的自我意识，就其充当起点而言，就是被设定为与经验东西直接对立的那种纯粹的东西，因此它才能成为如此这般的纯粹自我意识；哲学的事情，在其自身且为其自身而言与这种有限的确定性无关；一种哲学为了与某种确定性建立关联，而从某种最普遍有效的、切近于人类的每一种理智的命题或活动出发，这种哲学或许凭着这种有用性做了某种多余的事情，因为它要成为哲学，就必须立即超出这种局限性之上并消除之；由此会被误导的人类普通知性，当人们离开它的层面，想引领它超出它自身之外时，对此它会洞若观火；或者如果这有限的确定的东西本身并未被消除，而是会作为一个固定的东西保持不变，那么它必定会承认它的有限性并**要求**无限性，但无限者恰恰只作为一种要求、作为一种思想中的东西现身，只**作为一种理念**现身，后者作为必要的和全包性的、囊括一切的理性理念，却因此还是一个片面的东西，因为那思考它的东西（或者通常的某种由以开始的确定的东西）和它本身都被设定为分离的了。对有局限者的这些拯救方式(通过这些方式,绝对者被提升为最高理念,只是没有同时被提升为唯一的存在;而且由于哲学科学是从这里才开始的,在哲学科学的整个体系中对立都是支配性的和绝对的),在某种程度上就成了我们近代的哲学文化的标志性特征,以至于在我们的时代里被标榜为哲学而大行其道的一切几乎都落入这个概念之中了。如果说最近时代的最高哲学成果都还没有在如下意义上克服内在和外在、此岸和彼岸这种固定的两极结构,即人们在知识中仅仅用来接近绝对者的另一种哲学,以及处在绝对者本身之中的另一种哲学(假设后者也只在"信仰"这个标题下被规定),都没有作为对立的哲学被抛下,如果说二元论的对立就是在这个意义上达到它最高的抽象化(Abstraktion)的,而这样一来哲学并没有被引导跨出我们的反思文化(Reflexionscultur)的层面之外,那么对立面的最高抽象化采取何种形式,这就是最重要的问题了,而且从这个极端过渡到真正的哲学就容易得多了,因为被人提出的绝对者的理念真正说来已经抛弃了一种理念、一种应当、一种无限要求的形式随身带有的那种对立。不可忽视的是,每一种哲学都想克服的那种一般对立通过如下方式所经受的那种多样化改造,在多大程度上能赢得一般的哲学研究,然而同时也不可忽视的是,哲学所能分布的那些形式能具有多大的多样性;那种方式就是,曾使对立能在某种形式中居于支配地位的那种形式,正是接下来发生的一种哲学所针对的目标,而且当哲学无意识地又回落到另一种对立形式中去了之后,就将那种形式克服了。

相反，另一种支配性的手法完全只有一些不利的方面，即只有那些立即要努力使种种哲学理念——如其出现的那般——变得**流行**起来，或者真正变得普通的方面。哲学依其本性而言是某种秘传的东西（etwas Esoterisches），它为其自身而言既不是为庸众而产生的，也没有准备好面对庸众；它之所以成为哲学，恰恰是因为它与知性，因而更加与人类健康知性（人们以此指的是某一类人在地方和时间上的局限性）相对立的；与这种知性相比，在其自身且为其自身而言的哲学的世界是一个颠倒的世界（verkehrte Welt）。如果说亚历山大在听说他的老师将他的一些哲学著作公之于众后，从亚洲腹地写信给这位老师说，他们一同在哲学上思考过的东西是不应当弄得司空见惯的，而亚里士多德对此辩护说，他的哲学有一部分编辑发行了，还有一部分没有编辑发行，那么哲学虽然看到了民众向其提升的可能性，但它一定不可向民众俯身屈就。然而在这些自由和平等的时代，形成了大量的公众，他们不愿意有任何东西被排除于自己之外，而是热心地善待万物，或者为其自身而充分地善待万物；在这些时代，最美的和最好的东西都无法逃避的命运是，它们一直与那种平庸性打交道，即平庸到无法提升至它眼见在其头顶翱翔的东西那里，直到那东西平庸到能够被占有为止；而且平庸化的做法还跃升为某种公认值得称赏的工作了。在人类精神更好的追求中，没有任何一个方面可以不必经受这种命运；只需让人们一瞥一种艺术的或哲学的理念，似乎人们马上就做好了准备，直到事情及时触及大学讲台、授课提纲以及帝国报章读者的居家需求；

V, 14

莱布尼茨通过他的神正论,甚至部分地接纳了对他的哲学的这种忧虑,这样一来他不是为他的哲学,而是为他的名声开了一扇大门;而且当时立即就出现了适合这一目的又足够殷勤的一批人。事情自然就以一些单个的概念进行得很好了;人们只需将这些概念的名号关联到他们在其市民生活中久已熟悉的事物上去;启蒙在其发源伊始,就在其自身且为其自身便表现出知性的平庸性以及知性企图超越理性时的那种狂妄自负,因而要使它广受欢迎又易于理解,就根本无需改变它的含义;但人们可以假定,"理想"这个词从今往后的普遍含义就是没有任何真理的东西,或者"人性"这个词从今往后的普遍含义就是彻底庸俗的东西。——表面看起来与此相反,然而在根底上却与此完全相同的情形在下面这种时候就会出现,即当某种题材流行起来,而流行的东西据说丝毫不违背普通人理解的层面,还能通过哲学上与方法上的预备而呈现出一幅很有哲学气质的外貌来。这样一来,正如在第一种情形下预设了,哲学的东西同时还可以是流行的东西,那么在第二种情形下就预设了,有着流行特质的东西,也能在某种意义上成为哲学的东西;因而在这两种情形下,肤浅性与哲学都是相容的。

一般而言,人们是可以将这类努力与在万物中活跃着的那种躁动不宁的精神关联起来的,那种精神是我们时代的标志,它坚韧不拔地经过许多个世纪之后(后者经历了许多可怕的危机才摆脱某种旧形式),最终在极大的程度上产生了德意志的精神,以至于将各种哲学体系也引入不断更替、追新逐异的概念中了；然而人们切不可将对更替东西和新颖东西的这种癖好，与在最轻率的同时也最崇高、唯一真正严肃的那种游戏的无差别状态混淆起来；因为前面说的那种扰攘不宁是与对局限性的极端严肃认真一起发挥作用的；然而命运必然给了它阴沉的不信任感和一种隐秘的绝望感，那种绝望感最初只在下面这个意义上才清晰可见，即由于严肃的局限性并不能时时都令人严肃警觉，整体而言它并不太能着手它的事情，因而也无法造成任何伟大的或极度短暂的影响。

通常如果人们愿意的话，人们也可以将那种不宁静看作某种酝酿，通过这种酝酿，精神便从已死的教化的腐烂状态中升腾而出，达到某种新的生命，在灰烬之下重生，迎来某种年轻的形态。笛卡尔哲学以哲学的形式说出了在近代历史上我们西北部世界①文化中的那种普遍蔓延的二元论（那样一种**二元论**，作为一切旧生活的毁灭，人类公共生活的那种相对比较宁静的变更，以及更喧闹的种种政治与宗教革命一般而言都不过是它不同色彩的外部侧面），针对这种哲学，正如针对它所表现的那种普遍的文化，那活生生的自然的每一个方面，也包括哲学，都必定寻求解脱之法了；在这方面哲学所做的事情，如果是纯粹而公开的，便是在盛怒之下被探讨的，如果是以掩饰和掺混的方式发生的，那么对它的理解便轻易制服了它，并将它改造为先前那种二元论的东西；一切科学都基于这种死亡之上，而它们那里在科学的意义上，因而至少在主观的意义上曾活跃过的东西，时间就完

---

① 所指范围相当于"西北欧"。——译者注

全将它扼杀了;这样一来,即便它并非直接是哲学本身的精神(这种精神潜入这片宽阔的海洋中,并且以浓缩的方式越发强烈地感受到了它生长蠢动的力量),它也使得各门科学的枯燥(科学是远离了理性的那种知性构筑的一栋大厦,最过分的是,它以借来的启蒙理性或道德理性的名义,最终将神学也毁了),使得全部肤浅的扩展都无法忍受,而且在一点火花的激发之下,在浓缩了活生生的直观之后,而且既然那已死的东西久已为人所知,在认识到活生生的东西是什么之后(这种认识只有通过理性才是可能的),至少必然会激发起对财富的某种渴求。

这样一种现实的认识的可能性(而不仅仅是各种新形式的那种消极的游荡或不断兴起),必定是可以信赖的,此时便可以期待对这种认识的某种批判能产生真正的效果,这就是说,不是期待这批判以消极的方式将这些局限性击溃,而是期待它充当开路先锋,引人进入真正的哲学;此外,就它可能只会产生第一步的影响而言,对于种种局限性也使得要求和享受它们的短暂定在的那些做法尖锐化和压缩,至少这总是合宜的;而谁若是在那批判中也只能看到永远自转的轮子,那轮子在每个瞬间将某个由下往上托起波浪的形态压下去,据说他便立于人类健康知性的宽广基础上了,他本人的确只是幸灾乐祸地欣赏由显现和消失的现象构成的这场客观的戏剧,还在内心里安慰和巩固自己远离哲学的做法,因为他先天地(a priori)通过归纳,甚至将那使得有局限的东西落空了的哲学也看作一种局限性了;或者据说他通过衷心的和惊奇的分有,赞叹兴起的各种形式的起起落落,又通过多方努力,对这些形式展开了研究,然后通过聪慧的眼睛看到了它们的消失,还在眩晕之下让自己漂泊无定。

如果说批判本身是要使一种片面的观点对另一个同样片面的观点取胜,那么它就是论战和党派之争;然而即便真正的哲学,也极少能抵制那徒有论战外表的非哲学,因为哲学既然与非哲学没有任何共同的肯定性东西,而且在某种批判中也不能与非哲学为伍,它就只剩下非哲学的那种否定性的批判活动和非哲学的那种对必然仅具个别性的现象的建构活动,而既然非哲学并没有任何规则,而且千人千面,那么哲学也就只剩下它所面对的个体了。——然而由于一群人与另一群人形成对峙时,其中任何一群人都称作一个派别,但当一方停止显现为某种面貌时,另一方也停止成为一个派别,那么每一方的那部分人都必定认为仅仅显现为一个派别是不可忍受的,而且未能避免他们在争论中呈现出的那种转瞬即逝的假相,而是加入到斗争中去——那斗争同时也是另一群人的虚无(Nichts)的生生灭灭的表现。另一方面,如果一群人想通过下面这种办法摆脱斗争的危险,也免于表现出他们内心的空虚,即宣布另一群人**仅仅**是一个派别,那么他们恰恰通过这种做法承认了后一群人,而且否定了他们自己具有这种普遍有效性(对于这种普遍有效性而言,那实际的派别并不是派别,反而必定什么都不是),因此同时也就招认了其自身是个派别,亦即根本与真正的哲学无关。

谢林著作集

论绝对同一性体系及其与最新的(莱茵霍尔德)二元论的关系

(1802)

F. W. J. Schelling, *Ueber das absolute Identitäts-System und sein Verhältniß zu dem neuesten (Reinholdischen) Dualismus. Ein Gespräch zwischen dem Verfasser und einem Freund*, in ders. Sämtliche Werke, Band V, S. 18-77, Stuttgart und Augsburg, 1859.

作者：您拿着什么呢？又是什么使您发出如此不同寻常的笑声？

朋友：这里您看见的是莱茵霍尔德的《论哲学的简化概览》①；然而使我发笑的却是第三部分中出现的关于您的一个发现。

作者：别的没有了？然而您还是听一听。莱茵霍尔德还有什么发现吗？

朋友：当然，而且还是个大发现，据说您是把他老师②的那些原理用作启发性原则了，而且虽说就整个外表来看并不了解和需要事情本身，也同时与他（即莱茵霍尔德）一道，以您已指出的荒谬性本身为师了。您看看，文句就在这里，第171页。

作者：当然是在这里，而如果人们并非马上就知道要把这些话放到哪里去，也不知道这话该是对哪里的回应，人们却可以赞叹它是一种彻底原创性的发明。然而它除了在其自身毫无意义之外，还是一次彻底平庸的报复。

朋友：真的是这样；我想起了新近阐述您的体系的那部书③的序言中表达的那些看法——

作者：完全正确，我就在那里说过：可以正式允许莱茵霍尔

---

① 全名为《论19世纪初哲学状况的简化概览》（*Beyträge zur leichtern Uebersicht des Zustandes der Philosophie beym Anfange des 19. Jahrhunderts*, hrsg. v. C. L. Reinhold, Friedrich Perthes, Hamburg, 1802）。——译者注

② 从第45页（原页码，见本篇边码）提供的线索来看，本文中屡次提到的莱茵霍尔德的"老师"指的是巴尔迪里（Christoph Gottfried Bardili, 1761—1808），后者是德国哲学家，谢林表兄，对康德的唯心论持批评态度，自己提出了一套理性实在论，他的哲学思想因莱茵霍尔德的整理而闻名。——译者注

③ 指谢林的《来自哲学体系的进一步阐述》（*Fernere Darstellungen aus dem System der Philosophie*），收于《全集》第IV卷，1802年，第333—510页。——译者注

德让我在各种书评、杂志等中主张他认为好的东西,①此外还允许他把我的种种理念和方法用作**启发性原则**(那原则——我这样补充道——据说是很好用的),甚至用**从他本身那里取来的**、只不过在向他的头脑过渡的过程中已变得彻底荒谬的一些理念,来与唯心论相斗争。

朋友:您看到了,他自己很快就利用了您的应允,而且马上就直接针对这应允本身,将它用作启发性原则了。

作者:您不要忽略了,他同样早就在他就我的《唯心论》②所写的书评的结尾发现,有必要宣布,人们会按照有利可图的方式,将我的体系用作启发性原则:他那时说的和这里说的是一件事情;只不过那表达方式在他看来必定是相反的。那时他还比较满足,从那以后,我看到他即便在他的学派内部也教导不要满足。那种措辞上的素朴性,以及我愿意完全心平气和地乐见其成时给予的好心信赖,我认为通过前述应允可以再好不过地重现出来。

朋友:然而您很可能注意到了,他没有任何一个字③提到了您的那些措辞。

作者:这便更好了!那我就必须在那里——可以这样说——找出哪怕一丝丝理解的痕迹。

---

① 意即原谅莱茵霍尔德在转述谢林的看法时掺进他自己认为好的看法。——译者注
② 指谢林的《先验唯心论体系》(*System des transzendentalen Idealismus*, 1800)。——译者注
③ 原文为 Sylbe(Silbe 在当时的异体字,意为音节),德文为拼音文字,以音节为单位,中文则不同,以字符为单位,所以这里采取意译。——译者注

朋友：但是您，我的朋友，至少看到了，您非但不能像在那个序言中一样做些简短的和单纯附带性的评论就离开，反而终究必须下决心在根本上断绝这些人非分的纠缠，并在根子上将他们抨击一下。否则您至少就得承认对您的对手们和您自己的事情是太过于马虎大意无所谓了。

作者：亲爱的朋友，须知拥有敌人和对手在这个时代会被看作赢得声望和表明善心的事情。然而这位莱茵霍尔德向来不过是我的一个枯燥乏味的同伴，以致我总要十分克制自己，才能与他为伍或将他算作我的敌人。现在自从他踏入精神的婚姻①以来（如他所言，他在其中仅限于纯粹的接受），我得承认他已经成了人们用于模仿取乐的一个谈资，这让我发誓永远不会将兴致和闲暇投到他身上。我还从来没有感到有必要反驳他或者在他面前为我自己辩护。

朋友：此外，您也可以不必对莱茵霍尔德的所谓体系进行什么批判了；要进行那种批判，人们了解一下您的那些原理就足够了，因为对于每一个领会了您的这些原理又了解他的那个体系的人而言，那个体系的额头上已经带有兽的印迹②了，而且它作为最粗疏的一种二元论，根本无须在其内在性状和本质方面进行什么进一步的评判。德语世界也还并不那么缺乏批评者，以致那个体系得不到必要的权利。在这方面乌尔兹堡的，甚至图宾根的学者们写的小册子就足够了。谈到莱茵霍尔德本人，他

---

① 德文中的"精神"常常意指宗教上的取向，这里以及下文中的"精神奴役状态"都有这个含义。——译者注
② 源自《圣经》的说法，意指这体系已无可救药。——译者注

所处的位置太低于理念，而只有从理念出发人们才能着手进行某种评判，使他听明白；而这种精神奴役状态（Geistesknechtschaft）必定像他已经历过的每一种其他的精神奴役状态一样，要持续经过它的那段庄重的时间，直到人们能为他找来任何可供替代的东西为止。他眼前看到的必定总是登峰造极的胡扯，直到他停下来为止。谈到他的行为举止，他的优势就是可以大大方方地随意尝试一切，因为他再没有更多可以失去的了。然而一件事情如果不能被评判，至少还是可以被刻画的。

作者：这也是我的看法，只是人们必须留点时间来刻画它。这种局限性令人焦虑后带来的那种空虚感，最终一定会将那隐秘的恐惧引向混乱，这样也会迫使这阴郁的状态本身由于它的种种曲折和转向而得到些消遣。我的座右铭是，人们每一次在这样的情况下，为了能尽快摆脱事情本身，都必定会期待最终大爆发的时刻到来。

朋友：谈到莱茵霍尔德，您实际上期待这个时刻的到来；而在我看来，在这一点上您恰恰可以最先信赖我的判断。原因在于，我完全避免亲身参与这场戏，并且避免处在可能会使我和某人相互太接近的地方，可是我还是要将在历史方面对事情和人物的了解大都归功于我对对象的兴趣；这样我就注意到，您的沉默和您众所周知的轻视态度也给了那些胆小者勇气，正如您所见，胆小怕事的态度不再局限于此前所用的那些恰恰并不值得称道的手段，而是转向了一个新的领域。最后这个发现从它的起源来看极为糟糕，它必然极其矛盾，并且在进展的过程中败坏它自身，然而它能向您表明，您接下来必定可以将莱茵霍尔德看得更透彻，可谓纤毫毕现。

作者：稍安勿躁，亲爱的朋友，那必不可少的事情，终究会发生的。我还期待着这个新的转向会有别的进展。他甚至不得不将他的体系的某些极端之处呈现给我们，我们只可消除这些极端之处，为的是使隐藏在下面的那些正当的事物大白于天下，对于那些事物，他总是在它们频频被抽绎出来的时候又试着很讨巧地将其掩盖，或者装作对其一无所知。他会使我们不必那么辛苦；我们还是可以允许他确信，他所谈的东西至关重要。我对事情本身还是相当有信心的，那么在我们继续前行之前，我要请您更详细地告诉我，他的发现的具体情形如何。

朋友：看来对哲学体系的新阐述①给了他第一次冲击。然而如果您认为这个新阐述就够了，那您就错了，亲爱的朋友。原因当然在于，您的体系（尤其是像您的杂志的最近一册中阐述的那样）与他如今称作哲学的东西根本不合拍，而且必定在所有路向上都与那种哲学针锋相对，那么他的想法恐怕无须借助什么外力就能得到把握和在某种程度上得到评判了，哪怕只从序言中关于他的随便哪个普通的说法出发，都能做到这一点。如果不是有幸——或者毋宁说，如果不幸——在《埃尔朗根文汇报》上出现了那样一位评论家，打开了他这方面的眼界，那么这对立的真正要点被找到并被清楚说出，而不是保持为模糊感觉，可能要花费大量的时间；因为将那份阐述的已被强调的要点与对新哲

---

① 指谢林的《来自哲学体系的进一步阐述》。——译者注

学的种种难以置信的误解、扭曲和损害(在前述要点的映衬之下,才显出责任应归于这些误解、扭曲和损害)对立起来,毫不亚于在某种意义上将那要点与他自己的那些原理对立起来;当然,在那种意义上才极大地显明了双方针锋相对,也才显明了他自己的那些原理的贫乏可怜。

作者:您认识那位评论家吗?在我看来,他的工作可算是为科学立了一功。

朋友:我不认识他,但莱茵霍尔德保证说认识他,说他是您的朋友和学生,属于您到那时为止——这是他自己说的——还具有秘传性质的学派(esoterischen Schule)。

作者:我保证,我完全不了解这个人,而且据我所知,莱茵霍尔德所说的没有一句话是真的。——在我看来,他也恰恰没有完全领会我的意思。

朋友:这类奉承话让那样一些人很受用,他们用尽了一切手段和路子(即便那不过是他们的反对者们新近加给一份有学问的报纸的编辑们的苦恼也罢),好让有学问的报章中刊出赞扬他们作品的书评。

作者:这不值得劳神。您还是继续听下去吧。

朋友:既然最近那出乎意料的书评,以及远一些的,对您的体系的出乎意料的阐述,在学说系统(Lehrgebäude)中产生的那道裂缝,通过一种**新的阐述**(人们全速从学说系统那里借来种种工具为此所用)重新被掩饰起来,而通过那书评得见天日的那些美好的学说教本(Lehrstücke)重新隐没,此刻又被翻找;既然人们此外还注意到,所有的这些歪曲和彻底推进(您还是必须了解一下的)都行之不远,而是只有很短的活动期限:那么人们由此而陷入的种种迷误,以及对种种细微技巧的那种不会总是毫不起眼的担忧,才造成了更喜欢抢先行动的想法,还有进一步的一些手法,您现在应当多关注一下这些手法。您在最近的阐述中,特意又将莱茵霍尔德在他最近出版的论文集中极尽所能地试图加以混淆和歪曲的您的那个体系,加以归正;由于这使他感到左支右绌,他目前必定又以他习惯的方式看待这体系,为的是在这种意义上成为这体系的主人。

作者:我敢断定,这体系对他而言是越发简单了,因为他需要做的只是超越他自己。

朋友:您大可相信,他已曲解、扭曲和丑化了这体系的所有结合部、所有部分和所有特征,弄得您都认不出它了。然而您还是自己听一听(他读了论文集上述那个部分的第165—168页①)。——您会如何称呼这种手法呢?

作者:我们会最简洁也最公道地从这种手法的原型和最高典范出发,称它为尼古拉②手法。因为很明显,莱茵霍尔德开始这样做之后,在这门技艺上除了那位无与伦比和不可超越的尼

---

① 我们不想因为重印此处文句而污损了纸张,因此将它留给读者自己去查看。——谢林原注

  原文中括号中的文字是谢林用来描述那位朋友的动作而中途插入的,并非那位朋友所说的话的一部分。——译者注

② 尼古拉(Friedrich Nicolai,1733—1811),德国出版商、批评家、讽刺小说与游记作者、宗教历史学家,柏林启蒙运动的主要代表,莱辛、策尔特和门德尔松的朋友,康德和费希特的反对者。——译者注

古拉之外，就再也找不到任何大师了。

V, 24　　**朋友**：您不要忘了这种手法的另一个部分，那个部分的关键就是要以废话的巨浪将对手淹没，拉开胡扯的水闸，并将一切都置于这样一场洪流中，使得一切都分辨不清、相互混杂。在这种无根据、无基础、无止境的废话的技艺中，他已经不仅达到，甚至还超过那原型了。

作者：关于那种依据费希特的复信存在于他的文字中的更有力的精神，我恰恰也还根本没有感受到。

朋友：如果力量——比如说——并不存在于那能干的重点号中的话。

作者：他已经将重点号用得太过泛滥了。我早就想劝告他，在印刷的时候不要总用黑墨，要善于用红墨，红墨在"作为"(*Als*)、"就……而言"(*Inwiefern*)和"就此而言"(*Insoweit*)这些字眼上必定特别合用。然而您要考虑一下，我们是否能从这泛滥的局面中捞出一些碎片，好好观察一下！

朋友：人们能从中看出的第一件事情大概就是，他把您的体系当作由斯宾诺莎主义和唯心论作用后形成的一个产物了。在这样一个终生只以杂烩和调和为能事的人的头脑中发现这一点，这我并不感到奇怪；原因在于，这样的观念在一个理性之人那里通常是很难见到的，因为您——人们应当相信这一点——已经把这一点讲得够清楚的了。过去我觉得，您关于斯宾诺莎主义和唯心论的看法一直都是，这两个体系中的每一个为其自身而言都包含了那样一个点，那个点撇开每一个体系的个别性而被单独强调时,也必定同时显得是一切思辨真理和这两个体系的绝对无差别之点;因而不是一个体系被另一个体系补全,而是每一个体系为其自身而言都是整体,那么两个体系都不是相对的或综合的,而是绝对的一个;那么正如我复又觉得两者实际上是矛盾的,依据您的看法,这种矛盾的根据并不在两者之间,而必定在为其自身被看待的每一个体系中。

V, 25

作者:大体说来这话诚然与我对此的看法是一致的。然而这种关系的特殊之处只能随着我的阐述而显现出来,而且莱茵霍尔德(他本应当知道,他的羽翼已被斩截得多么短小,依照字面意思跟着别人飞已属不易,更遑论领着别人飞了)尤其应当决心,在这方面做做功课,预先做些了解。但这个问题的实质如下。

当人们也用语词来把握哲学的最高理念(不管它是否作为思维与广延、观念性事物与实在性事物的绝对同一性,还是换用其他什么说法,因为所有这些看似不同的术语差不多都是同义的),这理念却不是所有这些在其自身来看的对立面中的一个或另一个,而在本质上是同一个(dasselbe),这同一个是观念的,同时也是实在的,这同一个是在思维的东西,也是有广延的东西;这样一来,如果说统一只在现实的意义上被设想为绝对的,那么在所谓的理念的本性中,万物也便没有了存在与非存在、可能性与现实性的任何区别,简言之,万物必定在一种非时间性的、永恒的意义上被包含和得到表达,因而也只有通过思维与存在的那种分离并且仿佛在那种分离上(那种分离是与意识一道并为了意识而被设定的),才步出永恒之外,与大全分化开,并过渡到一种时间性定在之中。然而我们在那理念中已经设定其合为一体的东西之所以在意识中发生那种为意识所必需的分离，却是因为一方只有在另一方那里，身体只有在灵魂那里，灵魂只有在身体那里，才能与永恒分化开，这就必然使得在一方面思维通过存在被设定，同时在另一方面存在通过思维被设定，而同一个绝对的无差别之点就显得分离成两个对立的、相对而言的焦点

V, 26 （Brennpunkte）了。原因在于，不言而喻，在意识中被设定的那种分离只是相对的，因为思维与存在还没有彼此疏离，而是保持为一；那种分离只是交互的，因为一方被另一方，另一方复又被这一方规定和设定。真正的唯心论仅仅基于如下证明之上，即站在意识外部和撇开意识来看，那种分离根本不存在；因为现在看来，正是通过这种分离，而且只是通过它，大全才打开自身，整个现象世界才从万物在其中合而为一且无物能被区别开的东西中被抛出来，这样一来，唯心论就现象世界而言，或者相对于有限者而言，是肯定性的，就意识的那个外部而言（就这个外部而言实在论或斯宾诺莎主义是定言式的或肯定性的）则是否定性的。唯心论的那个说法，即"存在如果脱离思维来看什么也不是，正如思维如果脱离存在来看什么也不是"，费希特不仅在一般意义上最清楚地制定了，也以最确定的方式通过他的那个本原，以及他所刻画的那个本原的特征说出来了。自我无非就是那种分离行动的最高表达，照他的看法乃是纯粹的行动，无非就是它自己的行为，而不是独立于它的行动之外的任何东西；自我一般而言只是通过且为了其自身，而不是在其自身或就绝对者

而言,才同样也是一切与自我同在且正因此也仅仅为了自我而从大全那里分离开的一切。在作为唯心论的唯心论中,比哲学的这个否定的方面多出来的东西,就无法被呈现出来了。关于唯心论的这些必然的界限的首次评论,以及对这些界限之外的东西的暗示,已经见于《关于独断论和批判主义的书信》①,那些书信的意思,一些人或许到现在——而不是它们初次发表时——才明白过来。然而这位莱茵霍尔德就这件事说出的东西只不过表明了我们早已知晓的东西,即他从来都没有把握住唯心论的那些开端根据(Anfangsgründe)。

朋友: 我认为现在可以看清了,自然哲学和先验哲学的对立在您这里除了斯宾诺莎给他的《伦理学》的第一卷加上"论大全" (de natura)的标题,给第二卷加上"论自我"(de mente)②的标题时具有的那种意义之外,没有任何别的意义。

V, 27

作者: 没有任何别的意义。

朋友: 您是否注意到,就思辨物理学可以从哲学体系分离开来,而且可以作为一个特有的科学而从在那个体系中已确定下来的那些本原出发被进一步推展而言,莱茵霍尔德是如何滥用了"思辨物理学"这个术语(它是您赋予自然哲学的术语)的?就思辨物理学是体系本身的必不可少的部分而言,他才使用这个

---

① 全名为《关于独断论和批判主义的哲学书信》(*Philosophische Briefe über Dogmatismus und Kriticismus*),收于《全集》第Ⅰ卷,1795年(再版于1809年),第281—341页。
② 谢林所说与通行本《伦理学》有出入。通行本《伦理学》第一卷标题为"De Deo"(论神),第二卷标题为"De natura et origine mentis"(论心灵的本性和起源)。另外,他对他所说的这两个"标题"(de natura 和 de mente)的翻译显然是按照他自己的思想进行的意译,两者直译分别为"论自然"和"论心灵"。——译者注

名号的,并且他在这个意义上猜出:您的哲学同时既是先验哲学,又是思辨物理学。

作者:这个说法值得在《新德意志普通文库》①付印发表。然而请您允许我们继续往下看。这里他不是谈过一处文句吗,据说我在那里讲过,自然哲学和先验哲学必定是两种永远相互对立的哲学,他这样说,不是在暗示我仿佛现在才开始领会到两者有同一种真理吗?请您让我亲眼看一看,以便确信莱茵霍尔德真的说过后一个观点②,至于前一个观点③,它到现在依然是我的看法。

朋友:您大可确信这一点;请看这里,第167页。

作者:亲爱的朋友,既然我们似乎还想将这兴致延续下去,也想对这个可敬的人完整地发起指控,那就劳驾您提供一下必要的文本。

朋友:您看看,这些文本全都已经在这儿了;还有刊登了那篇讨论唯心论的书评的《文汇报》④的那些页面,也在这儿了。

作者:很好。前面提到的第一处文句是在《唯心论体系》⑤"序言"第 IX 页(《全集》第 III 卷,第 331 页)⑥。我在那处文句中

---

① *Allgemeine deutsche Bibliothek*(《德意志普通文库》),1765—1806年由尼古拉(Friedrich Nicolai)编辑出版的书评类期刊,自1793年起更名为 *Neue allgemeine deutsche Bibliothek*(《新德意志普通文库》),季刊,每年出版两卷,每卷分两部分。——译者注
② 指两种哲学必定永远相互对立。——译者注
③ 指谢林哲学既是先验哲学,又是思辨物理学。——译者注
④ *Allgemeine Literatur-Zeitung*,1785年在耶拿创办、1849年在哈勒停刊的一份文学期刊,以评论当时的文献为宗旨,在当时影响极大。——译者注
⑤ 指《先验唯心论体系》。——译者注
⑥ 括号中为编者注。——译者注

所否认的，正是他现在极其幼稚地归于我的东西，即试图通过综合将两种科学结合起来的可能性。如果他正确理解了文句并适当地利用了它，那本来是极好的事情。

朋友：就我在您本人的帮助下对您的体系的建构的了解而言，那两种对立的科学在同一个东西中实际上是分离的，甚至可以说，如果没有那种分离，那同一个东西就根本不能设想为体系。您不是已经在您的《阐述》的开篇谈到过一个实在的和观念的序列吗，而且如果没有那种分离，无差别之点又有何意义呢？——当时在我看来尤为清楚的是，您运用您在某一处就有机物的本质提出的那个命题而就宇宙形态和与之类似的哲学形态所说的东西，即它从外部来看是无差别的，从内部来看却必然是从两个对立的源头出发传播普遍生命和运动的。

作者：完全正确，而且同样的意思我们从我们刚刚探讨的东西中也已经看出来了，即如果说存在只有在思维那里，思维只有在存在那里才能从永恒者中分离开来，那么两者的那种绝对的同一性——万物都是在这种同一性中才得到理解的——便只能通过两个对立的同一性之点（Identitätspunkte），才在意识中并为了意识而自行呈现和表现出来。这两个点中的每一个都只是通过另一个才存在的，然而正因此它们中便没有任何一个是在其自身存在的；只有它们在其中绝对合一的那个东西，以及双方的那个只能以理性之眼瞥见的中点，才在其自身存在着。这样一来，正如那些单纯相对的无差别之点是分离的，自然哲学与先验哲学也正是通过它们的分离才被设定的。

朋友:最值得注意的是,莱茵霍尔德在前述关于您的《唯心论》的书评中似乎对此已有所洞见,因为他明确说过(第365页):(在您说的那个意义上的自然和自我)中的每一方都只是通过它的相对性才将另一方排除在外,却又通过它的绝对性将另一方涵括在自身之内。

作者:如果我没有弄错的话,我们还会在这篇书评中找到其他一些这类值得注意的地方。

朋友:依照这种观念,一种唯心论如果将一种实在论与自身对立起来,它的失策之处便必定是,既然它必须将思维与存在的某种绝对同一性设定为本原,然而它却只让存在被思维规定,那么在这两个相对的无差别之点中它就只能把握一个点,却在体系的进展过程中将那个绝对的点完全失落了;原因在于,如果从这个绝对的点来看,存在在其自身就不能受思维规定,就像思维不能受存在规定一样,因为双方由于有了那最高理念,毋宁绝对合而为一了。

作者:这事似乎还有许多要探讨的东西,我的朋友,我们现在怕是没有那个兴致了。然而必然与绝对者的设定相关的一点是,绝对者不是同时,而毋宁是以完全相同的方式被设定为无限的实在性和无限的观念性了。因为它只有在二律背反的形式下才能被设定为绝对者,而且那样一种要求,即以完全相同的方式设想它们双方,是向理性提出了,那么由于一方排除另一方,绝对者便必然被设想成那样的东西,它在其自身既非一方亦非另一方,然而**恰恰**因此便是绝对的。一旦它被固定于这两个反思的对立面（Reflexionsgegensätze）中的一个之下，那么它或者单纯被设想为无限的存在，或者单纯被设想为无限的思维，而不产生任何二律背反，这一点我们也是出离真正的绝对性的层面之外而在某种单纯相对的绝对性中发现的；这正如当绝对者要同时被设想为双方时，我们就反过来处在有限性、限制和可分性的层面上了。要找到每一个思辨的体系的入口，尤其是斯宾诺莎主义和作为我的种种阐述之基础的那个体系的入口，一切这类规定和这类规定之间的种种区别都是本质性的。现在看来，正如绝对者的那种最高的实存基于那种彻底的不可分性和那种彻底的无所谓态度（此时被设想为认识，而不被设想为存在，彼时被设想为存在，而不被设想为认识）之上，那么一切真正实存者就其被设定为这般而言，也就必定不是同时——而毋宁是在完全相同的意义上——被设想成观念性和实在性的样式（modus），被设想成灵魂和身体；这样一来，真正在其自身看来，其实无论一方还是另一方，本来都并不实存，反而那不可分的东西和使双方绝对同一的东西实存着，对于那东西我们无法再进一步做什么规定了，如果不是将它设定于这些属性中的某一个之下的话。考虑到事情的这种性质，正如一方面无限的思维由于存在的有限性便脱离了普遍同一性，并被设定为思维，在与此对立的另一方面，无限的存在复又由于思维的有限性而脱离了大全，并被设定为存在；这样一来，从两个相互对立的方向来看，被设定的依然从来不单纯是一方或另一方，而是双方不变的同一性因素，而通过观念性与实在性进行的一切规定都是一种相对的规定。因为您在与某个另一方的对立之下设定为某种存在的东西（比如在与灵魂的对立之下设定身体），在其自身看来正是认识本身的一种样式（modus）；这就像在莱布尼茨的学说中，身体以及灵魂在其自身看来，本身又是某个一（Monas）。

朋友：因而如果说唯心论与实在论同样能被视作完全对立的体系，那就可以说，唯心论仅仅在无限认识的属性下观察各种事物，实在论则仅仅在无限存在的属性下观察各种事物，尽管就真正的唯心论和真正的实在论而言这都不符合实际；那么唯心论和实在论这双方（只是需要预设下面这一点，即每一种属性在它的那个种类上都是完善的）都必然是同一种科学，具有完全相同的内容；正如每一个事物尽管在完全相同的意义上都是认识和存在的样式（modus），却必然只是同一种绝对等同的事物，具有同一种内容和本质。

作者：是这样的，而且单在同一篇"序言"中就还可以进一步读到在理论的、纯粹思辨的方面立即**完全等同的**实在性，亦即还可以就两种科学的无差别状态说的东西，这样就可以理解双方的对立的性质了。

朋友：莱茵霍尔德还孜孜不倦地把您在那里就纯理论性考察所说的意思彻底扭曲掉。

作者：我以此指的无非是我在另一个地方所说的纯客观的哲学运思，没有掺混任何实际利益的哲学运思，简言之是莱茵霍尔德所说的东西的对立面，他所说的东西在"对真理的爱和信仰"的名义下掩盖的是他那可怜的精神的种种单调乏味的主体性。那里涉及的并不是作为纯理论哲学或真正的思辨哲学的一个必要部分的实践哲学,这一点他原本恰恰是可以从下面这种现象看出来的,即它在同一个整体关联下对纯理论思考并未产生任何影响。

朋友:亲爱的朋友,此外他似乎也没能向您证明,您是从现在才开始看到两种不同形式下有同一种真理,而且您是从那位老师那里才得到看清这种真理的那副眼镜的。

作者:在最终要点方面的视觉假象是不难辨明的。因为他和那位老师当然希望给我们其他人配上眼镜,这一点我们心知肚明,只是我曾主张,他们在这里就像圣洁的克里斯平①那般行事,我们自己的视力已被偷走,取代这原本很敏锐的视力的是,他们想还给我们那副磨花了的眼镜。

朋友:通常人们说:撒谎者有好记性。在这里,对歪曲者和伪造者也可以这么说。如果说他也算愚笨得可以,居然以为在公众面前可以歪曲您的哲学,那么他其实还是很聪明的,因为他没有给人们留下什么把柄,使得人们可以迫使他自我辩白。这里在第三册中他报道说:超越自我和自然而提升到二者的绝对同一性那里去,这是您刚刚才有的思想;基于这个思想之上的您的哲学则是一种全新的科学。现在您读读他对您的《唯心论》的书评中的后续文句。

---

① 克里斯平(Crispinus,生于罗马,287年卒于苏瓦松),与其兄弟克里斯平尼安(Crispinianus)一道并称基督教殉道者。兄弟二人生前是鞋匠,乐于施舍穷人,致力于传播基督教。当时罗马还未将基督教立为国教,他们为此殉道。他们死后被尊为鞋匠、制鞍工和制革工的主保圣人。——译者注

作者:"客观东西和主观东西的无条件的同一性就是这种哲学的主题和本原;而在进行任何进一步的研究之前人们就完全可以确知,它所能得到的结果无非就是它已经放到它的任务中去的东西:'超越自然和自我之外能进一步思考的无非就是二者的绝对同一性;二者仅就它们直截了当地是同一个而言,才具有实在的真理和确定性;自然在与自我相区别的时候只是自我的现象,自我在与自然相区别的时候只是自然的现象,然而二者在其自身且为其自身来看和依照实在的真理来看却是大全一体(*All-Eins*)。'"(《耶拿文汇报》,1800年8月,第363页)

朋友:您在第365页上可以发现如下表述:"通过恢复那**仅仅为了说明问题才消除了的同一性**,这同一性作为客观东西和主观东西中的无条件者,即便**在哲学家的知识中**也无非只是那限制着其自身的大全一体,而这样一来,**纯粹的真理**就被发现了。"此外,他在任何地方都没有像在这里一样缺乏足够的争辩,见第369页:"要了解那独一无二的、绝对原初的真东西和确定之物,先验哲学家必须扶摇直上,超越那东西的每一种单纯的现象,因此必须直截了当地从他的经验自我以及向经验自我宣示自身的(经验)客体中抽身而出,在其原初的分化中思考和直观**无条件的同一个**。"

作者:在第371页上有一处文句,是无可置疑的了,那里说道:"实在论和唯心论,两者中前者被设定为等同于自然哲学,后者被设定为等同于先验哲学,然而又是**同一个限制其自身的无条件者**的两个不同的、必然相互拒斥的方面。"

朋友：现在据说您先前并没有看到两者中的那同一个真理。

作者：您不必一下子回溯这么远，因为更加确定不移的是（如果有可能的话），在论文集第一册第86页可能还说了同样的意思，那里说道："谢林曾坚持的做法是，将原初的真东西或实在的绝对者设定到大全一体性（Alleinigkeit）或自我与自然的同一性中，设定到二者的绝对同一性中去。先验哲学或纯粹的知识学说（Wissenslehre）与自然哲学或纯粹的自然学说（Naturlehre）只是**同一个事情**的两个不同的方面，是绝对同一个（Dieselbigkeit）、大全一体的两个不同的方面。"

朋友：那么在第一册和第三册之间的那些页面中，他如何指责您不该在自我和自然之上将二者的绝对同一性设定为原初的真东西，而现在当他看到这固然就是事实时，却记不得他甚至曾将这当作您的本原？

作者：如果说这就是愚笨（我是不怀疑的），那也是典型的愚笨；原因在于，您说他是伪造者，这我是不满意的，因为您都看到了，这里他在最普通的那部分问题上都掉链子了。

朋友：但您想如何使这样一种过分的现象本身通俗易懂呢？

作者：在我看来没有比这更简单的了。对此只需进一步假定一点，即他从未真正了解他在那里写下的东西，而且他一开始就不理解他到现在还没有理解的东西；这样一来，真正说来他从未停止过尝试理解它，因为他从未开始理解它，而现在他不过是在反抗而已，因为他被迫就他此前完全有口无心地读过，也同样有口无心地写下来的东西，进行思考；此外还可以举出其他许多迹象来证明这一点。因为在同一篇书评中您可以发现足够多的误解和异议，它们清楚地表明，他将所有那些表述都写在了纸面上，却根本不作丝毫的思考。然而如果您觉得这还不够，那么您就琢磨琢磨，既然这仿佛已近乎精神错乱，那么这种错乱状态具有多大的传染性，以及在这个问题上，即便莱茵霍尔德通常也表现得多么容易接受这种状态。他在我们刚刚朗读过的那处文句中举出的例子是：先验哲学家跃升到了那种单纯的现象之上，因此也首先**完全**疏离了**经验性自我**；撇开经验性自我不管，他就被那位老师说服了，而且欺骗自己说，自我性在我们的体系中是最可感的个体性（论文集第1册，第159页）；这一点很可能是先验哲学家依从其冥顽不化的习性而设定到头脑中的，而且在他的生活中也一定要固守这一点不放。而莱茵霍尔德现在就是从这个概念出发，针对费希特和我而做出了他那所向披靡的证明的。

朋友：最后这一点还不完全清楚，因为正如他已付印的报道所表明的，从1800年2月以来他已经完全制服了自己的理智（论文集第1册，第163页）。因而在8月的那篇书评和前面提到的更晚的那篇论文中，必定已经有理智混乱的某些迹象表现出来了。

作者：确实表现出来了，只是还没有达到最高的程度；在论文集的最后一册中，与最初的那些情感活动相伴的还有更多其他的活动，即带着病态自负的活动，那种自负不仅混淆了理智，甚至还使感官昏聩，这样一来，即使人们将那些文句指给他看，他还是会视而不见的；由此才产生了恐惧，因为有一点现在再也掩饰不住了,即他和那位老师那时希望针对我们而提出的异议,在我们自己这里其实是已经终止了的一些理念,只是他们那时并不知道如何利用那些理念而已,而且必定是您才开启了人们对那些理念的正当的理解;然后产生了怀疑,因为他知道,他为自己的事情所配备的武器无非只有他的那些废话,现在看来他的那些废话似乎突然停息了。他从我的阐述中得知,唯心论绝非出自最可感的个体性;这对于他那个头脑产生的冲击太大了,因为他绝不会相信这是颠扑不破的。现在靠死记硬背来学习的那套关于唯心论的陈旧课程再也不合时宜了。这样一来,它是暂时终止了那些废话。

V, 35

朋友:人们也听见了出于恐惧不安的这种喊叫(只需一点时间,这种喊叫就会在寻觅和摸索之下最终扩展到别的事物上去),在针对费希特的那几页中尤其如此。他反复呼喊,根本不让我把话说完,他甚至从来都不希望让我开腔,而我还有那么多话要滔滔不绝地讲,有那么多事情要说明,有那么多修改要做。

作者:难道他现在不是必定拼尽了全力,要强行将我那个与他的证言相矛盾的体系弄成一个新的体系吗,尽管这不是出于什么恶意,而是由于形势所迫?原因在于,既然他将他全部的精神机能都用于那个被他归于我们名下的荒谬体系(然而从来都成效不彰),那么应当从哪里获得力量来驳斥这种他认为新颖的体系呢?

朋友:对于他而言,那体系固然是全新的,而且很可能会一直如此。因为此外您也早已将相对于唯心论和自然哲学分别进行的阐述而言,在当前的阐述中真正新颖的东西,宣布为您的观点了。在1800年5月——因而紧跟着您的《先验唯心论》①的出版——便已写就的那篇文章里,物理学的各种范畴的演绎,就在临近结尾的时候,在您说明了自然哲学与唯心论的关系后(人们可以从这番说明中得知您的体系的整个理念)之后,找到了最确定的表述:据说他早就准备好论证您在这里才首次完全说出的东西了;然而据说如果没有以从唯心论的观点出发的一部完备的自我意识史作为前提,那论述就不可行。**您的《唯心论体系》**②**便是为此所用的**。进一步说:一旦您希望那部著作的内容已经被介绍给有思想的一般大众,并为他们所接纳,您就会从您认为奠基于其上的东西开始做事。(《思辨物理学杂志》,第Ⅰ卷,第2册,第87页[见本版本第Ⅳ卷,第78页]③)

作者: 我在新的阐述④的序言中所说的东西,援引了那种表述,而这阐述早在我本人打算下笔写之前就已公之于众了;那么我(现在说的绝不是莱茵霍尔德和他的同道中人)当然不能自夸说那部著作的真正的、并不浮于表面的趋势可以普遍为人所知。此外对于那些并不局限于单纯的被动接受,而是能主动在头脑中进行综合的读者而言,要大体上抓住我关于真正哲学的本性的看法,根本无需正式提出什么体系来。因为在上面引用

---

① 指《先验唯心论体系》。——译者注
② 指《来自哲学体系的进一步阐述》。——译者注
③ 方括号内文字为原编者注,指我们这个译本所依据的谢林《全集》页码,见本书边码。——译者注
④ 指《来自哲学体系的进一步阐述》。——译者注

的那些文句中,连莱茵霍尔德都不得不说(尽管——正如人们所见——完全是无意识地说的),自然与自我在其中绝对合而为一的那个东西,乃是我的**整个**哲学的本原,以至于人们现在简直必须得出结论说,他本人就是我那个直到他表白自己以来都保持隐秘的学派的一员。

在那篇本应驳回埃申迈耶尔的那些取自他自己的唯心论观点的反驳的论文中,包含了对这门科学的最确定的宣告,甚至它的一般计划。①

朋友:当莱茵霍尔德在第二部分开始阐述您的哲学的时候,必定是读过这些文句的。因为您的杂志的那一册先于他的论文集的第一部分就出版了。

作者:他读没读过,那完全是无所谓的。即便他读过,他所了解的也无非是,情况就像他所想象的那样,而且就像他在第一部分的序言中(第VIII页)保证过的,这个时代在哲学上必须往回迈出一个非常本质性的步伐。

朋友:的确,很可能是一个非常本质性的步伐。如今的时代也能穿上倒行的七里靴了。

作者:我并不否认,如果说我并没有指望通过我的新阐述在他的头脑里造成彻底的混乱,这样的混乱于我却也不算不期而至,因为对于他当然足够方便的是洞察到或至少预感到,他和那

---

① 尤其属于此列的是前述论文第124—125页、第143—144页的一些文句(见本卷第89、90、102页)。——谢林原注

　　上述谢林原注中括号内文字为原编者注,指谢林《全集》页码,见本书边码。——译者注

位老师将我们理解得多么荒谬了；这种荒谬首先体现在他们冒称为我们的看法的东西，以及，正如已经说过的，竭尽努力却从未驳斥过的东西（属于此列的东西也极少），其次体现在他们从我们这里偷取的东西，他们将这东西理解偏了，又想用来反对我们。找到走出这种并非一重的，而是双重的和三重的迷误的路子，这超出了他那时的能力之外。追求他此前以他所有粗糙而钝实的武器从未达到，而且在这里被尊为顶点（这样他就不能忽略它的作用了）的那个地方，这在当时对他而言是不可能的。因为我们在别处、也在其他作用中注意到，与最深的那种局限性相适应的至少有对毁灭的某种本能的预感，那种预感使人在看到毁灭的力量何在时就在恐惧焦虑和无力战栗之下逃脱了。在这种状态下最方便的软弱逃避就是：将斗争根本不看作斗争，反而将致命的对立看作最高的团结。

朋友：很明显，莱茵霍尔德那时的第一反应——在这种情况下他也总是如此——是希望能达成融合，而他的整篇文章都无非是这样一场失败了的试验的结果。他们利用了您的阐述中的财产，即言词（这言词是那位老师像窃贼一般从费希特和您的著作中偷来的，又做了某种完全颠倒的运用），以及方法（这方法是他希望拙劣地从自然哲学那里模仿来的，要通过潜能阶次表达出各种事物的层级序列），如此等等。基于纯粹的学习、纯净的感受和思考之上而停留在最本己意义上的知性中的那种无限的幼稚习气，难道在这里会恰然自得吗？人们也看到，整篇文章真正说来都产生于一种愉快的预设，即您和那位老师之间完全是统一的；但后来当他要进行那些证明时，他就眼看着那些证明一个接一个自取其辱，而且必定会干那件无边的蠢事，即一再证明两件事情：1）这里明显存在着共识，2）存在着彻底的对立。最后他就只谈两个体系的**相似之处**，至于造成这些相似之处的**真正原因**是什么，如他所说，在此时的他看来完全是无所谓的。

作者：我倒更愿意相信，他恰恰不太希望就此了解太多。然而我们更关心的却是对事情寻根究底。还是请您听听那些相似之处。

朋友：第一处是：两个体系（如他称呼的）都产生于绝对的同一性。

作者：如果说这还不算最粗鲁的无知，那就是最大的无耻了。然而它就是如此这般成为第一位的东西的。请您说一下，这些人所谓的绝对的同一性是什么，以及他们何以能够自诩为只从这种绝对的同一性出发？

朋友：今后也许要如此称谓的东西是什么，亦即那如此这般随着时间的推展而将形形色色的因素引入经验中的东西是什么，这是看不清楚的。然而**目前**它所预设的只有一点，即作为思维的思维就是理性的无可争辩性，而思维的无可争辩性就是绝对的同一性。

作者：这样看来，难道像"理性的特征在于思维""思维的特征则在于绝对的同一性"这些陈腔滥调，就是一些重大发现，而任何一个人都可能受到诱惑去借用它们吗？而且这种陈腐老套的同一性，即思维的同一性，就是它们的本原了吗？

朋友：当然，即便莱茵霍尔德也立即就此补充设定了：这两个体系中的每一个在此理解的都是完全不同的东西。

作者：他很可能是这样。然而您现在说一说，整体应当是什么，还有它叫什么？

朋友：我知道什么？——什么也不知道。

作者：我要请您允许我们寻找将人的某种意义与此相结合的一切可能性。对我自己而言，理智静静地面对这种彻底的无意义性。

朋友：那些人当然不会说，您是从他们那里学来这个词的，因为他们很可能会知道，它是从我们这里偷去的，而且必定用在他们那陈腐的废话上了。莱茵霍尔德在他的所有阐述中都将它作为您的哲学的主要理念加以引证。

在他们使用这个词的同一个意义上，费希特多次使用了它，尤其是在一个十分引人瞩目的、对于规定他的唯心论的思辨特征极为重要的文句中，我在为他的伦理学[①]所写的导论中提到过这个文句（第 II、VII 页）。因而也不能这样想：这个概念是如今才由您引入这个含义之中的。

作者：连我自己对此都会不知所云。是否有可能——比如说——这个概念是有歧义的，或者不同于那些完全不理解它的人所见的，变得有歧义了？

朋友：比如说，您依照形式将绝对者理解成主体和客体，依

[①] 可能是指《以知识学为原则的伦理学体系》(*System der Sittenlehre nach den Principien der Wissenschaftslehre*, 1798)。——译者注

照本质却将它理解成**既非**主体**亦非**客体的东西。

作者：依照**自在**或依照本质而言，它既非一方亦非另一方，而仅仅因此才成为双方的**绝对**同一性，这是唯心论的一个人所共知的命题。比如您可以读读我的《唯心论体系》①第433页（第1系列，第3卷，第600页）②。

朋友："如果说那个更高的东西（超越了自由东西和必然东西的东西）无非就是绝对主观东西和绝对客观东西、意识和无意识东西之间的同一性的（普遍）根据，而这同一性恰恰为了现象而在自由的行动中分离开了，那么那个更高的东西本身**既非主体亦非客体**，也并非**同时是二者**，而仅仅是**绝对的同一性**；在那绝对的同一性中根本没有双重性，而且由于双重性是一切意识的条件，绝对的同一性便不可能被人意识到。这个永远无意识的东西仿佛精神王国里永恒的太阳，通过它自身纯而不杂的光而将自身隐匿起来了，而且它虽然从不成为客体，却向一切自由的行动表现出它的同一性；它对于所有理智而言都是同一个，是一切理智仅仅作为其潜能阶次而存在的那种不可见的根源，也是在我们内部规定其自身的主观东西和客观东西或直观者的永恒的中介者（das ewig Vermittelnde），同时也是自由中的合规律性和客观东西的合规律性中的自由的根据。"

作者：在同一部著作的第471页（第624页）③您一定可以发现如下表述："**整个**哲学都源自而且必定源自一个本原，那个本

---

① 指《先验唯心论体系》。——译者注
② 括号内为原编者注，指相应的《全集》页码。——译者注
③ 同上。——译者注

原作为绝对同一性东西直截了当地是非客观的(nichtobjektiv)。"——正因此这个绝对同一性东西直接就被规定为**在其自身既非主观的亦非客观的东西**,那东西只有理智直观才可以通达。关于这理智直观,该著作主张说,它只有通过艺术才达到某种普遍有效的客观性。据说只有艺术作品才反映了通常不能通过任何东西反映出来的东西,即"那个绝对同一性东西,它在自我中已经自行分离了(因而它在这里被明确地与自我对立起来),因此哲学家在意识的最初行动中必定已经将它设定为分离的了"。

朋友:为什么人们在这些文句中没有早就看出您的哲学的真精神呢?

作者:在我看来这很好理解。只有极少的人才会认为,人们为了阐述一部作品,或者在创作一部作品时,可以任意地界定自身。他们驱遣哲学就像驱遣一件手工艺品一般,也希望其他人懂得如何像这般驱遣它。由于他们知道的总是很少,于是他们每一次都将所知的那点东西一股脑地倒出来,不管这样做是否合适。这样看来,他们可能不会想到,当我对先验唯心论进行某种阐述时,我实际上也不想阐述多于唯心论的任何东西,正如我同样可以对单子论或唯物论进行某种阐述。

唯心论处于其中的,而且在我的阐述中仿佛一开始就被指定了的那个界限是,它没有超出自我意识之外。"由于我的任务的局限性,如第31页(第357页)①所示,那局限性将我无穷倒推

---

① 括号内为原编者注,指相应的《全集》页码。——译者注

到知识的范围中去，在我看来自我意识（作为最初的知识）就成了一种独立的东西，也成了绝对的本原，那不是一切存在的本原，而是一切知识的本原。——针对这任务本身，或者毋宁说针对这任务的规定，教条主义者可能已经提不出任何异议来了，原因在于我完全可以随意**限制**我的任务，而不能随意扩展我的任务。"由于事情的这种性质，在意识中而又同时与意识相分离的一切因素的那种绝对的统一，那种正因此而位于意识**外部**的这种统一，不可能是作为唯心论的唯心论的本原，而是唯心论设为标的和在其中终结自身的那个至高者。——然而上文中提到的那个文句中已经主张过，**整个**哲学（即既非与实在论相对立的唯心论，亦非与唯心论相对立的实在论）都**产生**于它。

朋友：这样看来，就根本不能说，先前您还没有说过有关整个哲学的最后这句话了。

作者：我肯定是说过这句话的，因为连莱茵霍尔德这个通常很难达成谅解的人都是在重复我说的话。

朋友：我知道，他在那篇书评中按照自己的方式重复说了不下十次，根本停不下嘴：主观东西和客观东西的绝对的同一性是您的哲学的同一个基本真理（die Eine Grundwahrheit），一切都还原为这个基本真理（《文汇报》，同前引，第371页）。他在先前已经（见上文第32页）引用过的那个文句中称作主观东西和客观东西的无条件的同一性的东西，以及照他看来是这种哲学的主题与本原的东西，他在第364页称之为一切客观东西与主观东西的一种**直截了当地原初的**同一性。在同样的整体关联下，

V, 42

他甚至显得对事情有了极大的把握,他说道:这种同一性必定正因此而是绝对的,而作为绝对的又不需要任何说明,因为为了说明它,人们必须先消除它。他希望以这种无条件的同一性来刻画您在前引文句中称作既非主观亦非客观,也并非**同时是两者**的那同一个东西,这一点从下面这种现象可以见得,即他在第369页叙述道,原本只有在艺术直观中,它才如其本然地显现出来。

作者:我们列举的已经足够了,太足够了,这不过就是我们前面已经见识过的那同一种精神错乱。为了全面起见,还请您注意,在他那里,向那在其自身既非**主观**亦非**客观**的东西的回返,偷偷地就变成了向**绝对的主体性**的某种回返(第372页)。

朋友:这种无思想性在这里还不算很过分的,因为他在第一册第23页就斯宾诺莎说道:"他将绝对者规定为**绝对的客观性**,正因此也将它规定为具有广延的某种无限者,如此等等。"这就像唯心论的情形,后者尽管应当产生于绝对的主观—客观性(Subjekt-Objektivität),然而据说也应当产生于**绝对的主体性**等等。

作者:然而当他向我表明了真正的绝对同一性与他所谓的同一性的区别时,我对他还是相当满意的。

朋友:请您不必担心,他如此擅长的事情,他当然一定会干的。

V,43   **作者**:他所谓的同一性,就我从他在第一册中冗长的说明里能得到的信息而言,不过就是类概念(Gattungsbegriff)的那种完全普通的、单纯逻辑上的同一性,一种抽象的知性同一性(Verstandes-Identität),正如黑格尔很好地表达出来的那样。这一点最好地由最初的描述显明了；也请您允许我们关注一下，**无限的可重复性**在我们看来并非不存在了。无限的可重复性是对知性概念的一个很好的描述。这里没有理念的丝毫痕迹，因为理念是普遍东西与特殊东西在其中直截了当地合而为一的东西，正因此它就不可能是可重复的了，因为可重复性预设了普遍东西与特殊东西的对立。在莱茵霍尔德那里我们一方面也看到了概念的抽象统一，看到了可无限重复的东西，另一方面看到了直截了当地与此对立的非同一性，看到了作为思维的运用所必需的质料的那种特征的单纯杂多性；因而后者是和前面绝对的统一一样绝对的特殊性，这两者才在作为思维的思维的运用中**发生综合**，因而完全不是在任何绝对的意义上结合起来的。那种同一性本身根本是从属性的（这就是说，它仅仅是同一性，因为它只是某种绝对的二元论中的一个因素），那么它必然也是那种被附加进来的无限性。因为概念作为概念且在其自身而言当然是无限的。它要成为它，并不需要量（Quantität）和无限重复。然而正因此，这种无限性就像那种统一一样，就是一种单纯抽象的无限性，而错误的抽象在这里也会造成损失，因为一种由质料的杂多性中已成型的和固定了的各种有限性构成的无限性，此后还会再次被修剪的。这里还没有达到超过这种对立的高度。真正的思辨在上面结合在一起的东西，他们就在下面拼凑到一起了，而且他们还有那种幼稚的看法，即除了他们之外还有人会满足于"思维的运用"一类学生气的表达。他们在或新或旧的一些

V, 44　　书籍中找到了别的一些好词汇,但根本不知道用那些词汇做什么。人们必定不会追问他们的看法是什么,因为一套完全胡说八道的话对于智者和对于愚人同样是不可理解的。尤其是在那位老师看来,人们在柏拉图那里处处都能读到的有关杂多中不变的统一①、有关自相等同者与不自相等同者的一些表述,与莱茵霍尔德和费希特的那些概念与表述似乎是相通的。此外,一种类似的非哲学(Unphilosophie)在柏拉图的时代必定已经为人所知了;因为在他说下面这番话的文句中:"比我们更优秀,也离诸神更近的古人,给我们留下了一个传说,即由于一切人们称之为**永恒**的东西(而且这些东西内部包含着无限性和界限,那两者已经融为一体了)的本性都产生于一(Einem)和多(Vielem),那么鉴于事情的这种性质,我们任何时候都必须预设一切事物都具有同一个理念,并追寻这个理念"——在同一种整体关联下,他继续说道:"然而如今这些自称为哲学家的人,如实地设定了一和多,在时间上则过早或过晚了,他们在统一之后则直接设定无限多样的东西(无限的多样性),而居中的东西在他们那里是见不到的。"(《斐勒布篇》,第219—220页,双桥版②)因而在这种误以为的哲学中,找不到思辨所见的唯一至高者,见不到有限者又与无限者、对立又与统一合而为一的那个地方,简言之,找不

---

① 这里的 Vielheit(杂多)与 Einheit(统一)也可以分别简化译作"多"与"一"。——译者注

② "双桥"在原文中为"Bip."(Bipontium 的简写),后者是德国巴伐利亚的茨魏布吕克(Zweibrücken,意为"双桥")市的现代拉丁文写法,法文亦写作 Deux-Ponts,此地编辑出版了希腊与拉丁古典作者的一套古典丛书(共50卷),该丛书最初于1779年发行,后来改到斯特拉斯堡出版。谢林当时所用的《斐勒布篇》即属于该版本。——译者注

到真正的绝对同一性,也找不到堪称永恒的东西的那种真正的无限性。

朋友:莱茵霍尔德称之为有限者与无限者的某种融合。

作者:对最高理念的这种侮辱,在无知的他看来必定是很好的。

朋友:如果人们——比如说——能承认那种自以为的哲学会向着至高者提升,那么这至高者就是在您的体系中被称作量的无差别状态(A^2)的东西,这种无差别状态在他们那里是没有的,并没有什么差别(或者A=B)与之截然对立起来。因为甚至连意识都是基于差别或特殊东西与无差别状态、普遍东西的综合之上的,所以它永远不可能将这种两歧的思维带到意识那里,更别说带到差别与无差别状态、特殊东西与普遍东西在其中绝对合而为一的那个东西那里了(A^3)。

作者:关于下面这种情形何以出现和何以成为可能,这个问题我不想回答:在他们的时代有着这种根深蒂固的无知的傲慢,这种傲慢当然使得哲学不仅仅退化了一步,而是他们前行多远,它就使得哲学退化了多远,直到退回最极端的未成年状态,那种状态即便对一切思辨的那些最初步的概念也会感到陌生,而这样的傲慢居然可以以哲学自居。然而如果是关于下面这个问题,即这个怪胎与我的体系是什么关系,那么我只想说这么多:就像最粗糙的二元论与真正的绝对同一性体系的关系,或者说就像两个完全不相容的事物的关系,比如被一个平庸的和因平庸又被烧坏了的脑子设计出来后却由一个马马虎虎的人做出来的一副面具,与带着艺术方面的追求设计出来后依照其概念做出来的一件作品的关系。

此外,由于下面这个问题不值一顾,即一种同一性,在其自身外部和旁边预设了带有无限多样性和非同一性的某种质料,而且在运用的过程中要与那质料相配合,这种同一性如何能称作一种**绝对的**同一性,那么剩下要做的就只有正式向莱茵霍尔德和他的那位同伴表明,他们以后要克制一些,不应该说这种自以为是的、他们根本无权说出的话。

朋友:如果说我的消息还算准确,那么他的那位同伴从来没有说过这样的话,反而是莱茵霍尔德将它据为己有了。

作者:莎士比亚的那句话用在这里完全合适:他从某个聪明人听来那话,却用到了一个傻子身上。——因为我同样不记得在那位老师那里听过这类的话。

朋友:这么说您终究还是读了《逻辑学纲要》①?

V, 46　　**作者**:不算读过,但也不只是随便翻翻而已;我读的不多不少,刚好只够用来评判他是谁的精神后裔——自从那已逝去的1801年夏季以来。

朋友:您至少承认,您在这里的疏忽大意超过了人们认为一个学者该有的限度! 原因在于,要了解这部书的一般性质如何,您还是必须好好读一读的,因为对这性质的否定已经做出了。

作者:最好的朋友啊,关于写出这部书的那个独一无二的

---

① 巴尔迪里著作,全名为《第一逻辑学纲要》(*Grundriß der ersten Logik*, 1800),下面不另说明。——译者注

人，我那时已经有了确定的看法，而且那时就知道我得如何评判他。然而这当然也不构成我不细读这部书的充分理由；因而您必定知道，关于作者，我早已了解这个人；我过去就知道，他早就开始在哲学领域瞎折腾了，而且由于他先前在写作方面进行的一些微不足道的尝试实在激发不起人们的任何注意，他才试图通过《逻辑学纲要》努力超出面目模糊而不为人所知的境地。——或许在您看来，有些页面是该在下面这个标题下出现的：《意志自由概念的本源及关于某种一般形而上学的本源的若干书信》。

朋友：这我从没听说过。

作者：要不是作者本人将它们送给我，我很可能同样一直都不知道。单是这两部著作就足以让人对它们的作者的精神机能（Geistesvrmögen）有个近乎确定的概念了。就是说，他那时就是这样彻底痴迷于经验心理学，我甚至都不记得自己见过一个人像他这样，在有某个理念当着他的面出现时，完全视而不见，而且全然预感不到有思辨东西存在，还毫不犹豫地从经验心理学出发去解释那个理念，仿佛从来没人产生过怀疑这种经验性因素的实在性的念头似的。这样一来，比如说，依照他在前引著作中的看法，意志自由理念就可以通过某种心理幻觉得到完备的解释。

朋友：他还用经验心理学的方式去应对唯心论，这毫不奇怪。

作者：完全正确。他还从他具有经验心理学特征的那些章节出发来驳斥唯心论。简言之,我所认识的他无非是沉浸和淹没于最厚实和最深沉的经验之中,而对一切思辨东西则一片茫然,以致那时根本没有法子引导他走出他的经验心理学之外。与这个弊端相伴的还有另外两个,一是浅薄的书法(Schönschreiberei),这方面他特地将几位英雄人物作为典范,一是狂热地追求通过哲学的历史来研究哲学,然而又以经验心理学来协助历史研究,这样一来,从经验开始的那个圈子又在经验中闭合了,那就根本没有任何出路了。

如果一个如此浅薄的人大体都能提升上去的那种至高者,当然不过就是莱茵霍尔德关于质料和形式的理论罢了;因此当我听说《逻辑学纲要》就是莱茵霍尔德的基础哲学(Elementarphilosophie)的一个迟来的后裔时,我觉得完全可以理解,而且更加容易理解了,因为我在其他场合也了解到,作者是那样一个人

——他是一个没有独立精神的家伙,靠着
腐败的废物滋养他自己,只知道掇拾他人的牙慧,
人家已经习久生厌的事情,
他却还是十分新奇。[①]——

这一切都不能阻止我至少在听说有《纲要》这部书存在并拿

[①] 引自莎士比亚戏剧《尤里乌斯·凯撒》第四幕第一场。译文取用朱生豪译本,详见莎士比亚:《裘力斯·凯撒》,收于《莎士比亚戏剧》,朱生豪译,上海古籍出版社,2002年,第73—74页。译文并不完全符合谢林采用的奥古斯特·施莱格尔和梯克1869年的德译本字面意思,但考虑到文学作品的翻译以传神达意为上,这里就不细究了。——译者注

到这部书(这两件事都发生在该书出版之后很晚的时候)后立即着手阅读它;也不能阻止我获悉(我后来发现这获得了证实,这也是我预先想象得到的),他拿到他的著作时当下感受到的,更多的是某种糟糕的感情冲动的满足,而不是科学的兴趣;据说他在他的著作中摆脱了最狭隘的那种憎恨,尤其是针对我的憎恨;据说他为了向一种完全可以确定是从我这里借去的关于机械论和有机论的理念致谢,在他利用这种理念和提到他取来这种理念的那部著作的同一种整体关联下,允许自己那最平庸的人格爆发出来,而且深深迷恋于他暴饮暴食的习惯,结果甚至在某个地方对下面这件事情多愁善感起来了,即一个愚蠢乏味的人在《埃尔朗根文学报》①的知识分子副刊上——当该报还在首位编辑的引导下表现出传播流言蜚语的小店铺的气质时——称呼我为一位全才(Universalgenie)之类。这一切都使我根本无意于撇开那读物不看,反而必定会使我觉得它很有趣。

因为众所周知的是,首先,憎恨经常会代替天赋的缺乏,其次,上帝常常也会选中一个可鄙的容器,来为世界盛放好东西。即便在通常只携带淤泥和垃圾的河流中,人们也可以猜想那里有破碎的小金粒,尤其当人们知道那河流仅仅顺道从贵金属的山峰旁冲刷过的时候。那时似乎能证明我根本没有阅读过那部著作(因为我希望继续讲述下去)的东西如下。

在1800年夏季,我与作者本人有一场私下的谈话,这场谈

---

① *Erlanger Literatur-Zeitung*(或写作 *Erlanger Literaturzeitung*),黑格尔曾参与此报,发表过文章,该报具体情况不详。——译者注

话虽说对于我形成自己的信念并无必要,却着实让我看到了这个人身上张开了的荒谬的深渊有多深。我保证,我对此事的任何特征的刻画没有不准确的,而且尽管略去了许多无关紧要的过渡性谈话,然而我所提到的主要事实,其内容完全就像我刻画的这样。您自己来评判吧,也请您允许我将这小小的一幕插入我们的谈话中。

我(他向我保证,唯心论者们的主体—客体性就是可感觉到的个体性,他是从一种**纯粹的**同一性[应当说,那样一种同一性,它并非主体与客体的同一性了]出发的,而且允许这种同一性作为一切规定的绝对规定者和原因而对质料起作用,然后我就向他提了这样的问题。):您是如何设想这质料的?它无疑还得处在空间中吧?

他:那当然;因为我不能设想任何质料是独立于空间之外的。

V, 49

我:您也假定了,它填充了空间?

他(在变戏法。)

我:您若是不假定这一点,您就不能将它与空间本身区别开来。

他:它还是必须填充空间。

我:无疑是在全部三个维度上填充的了?

他:否则还能怎么样?(我那时还不知道他在《逻辑学纲要》第116页中说过的话:"这个广延现在正好在物体的三个维度上展示出它的本质,这一点我们当然首先是通过看见这些物体本身才知道的。")

我：您何其有幸，轻轻松松就能具有和预设这一切，而我们其他人则是要不辞辛劳地将物质及其三个维度演绎出来的。——然而您绝不能泛泛地设想对空间的任何填充，而是必须将对空间的每一次填充设想为某种特定的填充。这样您也就不能设想，您的质料只是在一般意义上填充空间，而是必须设想，它是在某个特定的等级上填充空间的。

他（再次迟疑了，而且实际上并不知道，或者说并没有表现得知道，**在特定等级上填充空间**是什么意思，他把这与填充空间时的**广度大小**混淆起来了。对于这个大哲学家，二者的区别必须通过下面这个例子才能阐明，即在广度上同样大的一份空气和一份铅却是以不同的强度填充空间的。）：就此只能说，质料是以无限多样的形态填充空间的。

我：当您设定无限的多样性时，您也就设定了无限的可区别性，而后者又预先设定了无限的规定性。因而您不仅有了关于填充空间的等级的普遍规定性，也有了无限多的规定性。既然依照您的看法，一切规定在质料中都只有通过同一性对这质料的作用才被设定下来，那么所有这些规定性又如何能说已经在作为质料的质料中出现了呢？

他（当他企图通过各种不同的措辞绕开这一点，却总是又被带回到这里之后，当他经过多次反复后弄清楚了，他是在作为质料的质料中假定了独立于规定者之外的一堆规定性，就是说在思维之外和之前接受了某种思维，因此接受了一种赤裸裸的荒谬性,整个对话就在他那里结束了,此后他就再也不知道说什么了——只是笑了笑。)

V, 50　　我:您承认了,如果人们想在哲学中自由自在,就必须站在您这一边。因为我现在看得清清楚楚,您独立于一切思维之外并在一切思维之前不仅有某种质料,还有空间,有填充空间的三维,甚至还有填充空间的无限多的不同等级。简言之,您是从我们其他人停止的地方开始的,而且还能以这种方式大大方方地将它推进很远很远,等等等等。

他(如前文所说那般继续笑,就这样结束了谈话。)

朋友:在如此激动之下依然不为所动,那是不可能的。

作者:现在看来,我本不该同情这个受骗的人,他不仅自己误入歧途,还让另一个蠢头来误导自己,把他的愚蠢当成智慧,把他的学生式概念当作理念,把他偷窃过来拼凑而成的练习题当作一种全新的哲学,把他的拙劣拼凑物当作大师之作。这正如下面这种经验,它也属于此列,即莱茵霍尔德实际上愿意认真将事情推进下去;同样属于此列的还有更多朋友的一种评论,即由于一些外部的顾虑,他开始利用的、在那些朋友看来更有毒性而不是更有理性的那些武器,可能使得对我们这方面进行某种辩护和对他的事情进行某种阐述成为必要,这样最终就可以将我找出来,并让我不要满足于对这部书仅仅进行表面的浏览。

朋友:如果能利用这个机会听到您对此事的一些评论,我乐意之至。

作者:在此事上只要我现在力所能及的,我都乐意为您效劳。我自己将这整本书构想成大自然的一个助手,通过下面这一点就能看到它是很必要的了,即一些思辨的理念,很不幸地(在这样一个时代几乎也不可避免地)由外而内落入一个最深地被经验纠缠的头脑中了,这些理念作为一种外来的材料,在它们以经验心理学的方式被吸收和以这种方式重又服从于那个头脑特有的有机组织之前,是不能被那个头脑忍受的;因而这就像大脑里一个畸形的脓肿,这脓肿通过唯心论对那样一个灵魂器官的作用而形成,该灵魂器官被经验心理学浸透,因为一些得自莱茵霍尔德基础哲学、康德批判哲学的混乱想法和一些从学校课程中得知的体系而被搅得精神错乱,它还企图通过这个畸形怪物恢复健康,这正像我们常见的那种情形,即乐于助人的大自然在一些畸形的外表内部造就恶劣的内心。

正如人们清楚看到的,那种由极其异质的一些成分聚合而成的团块上发生的化学反应过程,那时它的一切分解、沉淀与结晶在完全无需协助或主体参与的情况下便顺利产生了,就此而言它实际上也是一种纯客观的自然现象。

朋友:在这方面我认为值得注意的是,依据如今关于主体的那种陈腐老套的说法来判断,这个过程实际上产生了预料中的结果;而莱茵霍尔德那老套而衰弱的灵魂如今恰恰开始被高度狂热侵袭,与此同时,另一个人①的灵魂则转趋冷静,这样一来,当那人清醒过来时,这个人依然沉醉不省人事;这命运的景象颇

V, 51

---

① 指巴尔迪里。——译者注

像那位幼稚但却更狡猾也更有名的桑丘·潘萨①,他恰恰就在他的主人停止发狂时,开始信奉后者的种种愚蠢行为了。

作者:好比人们的眼睛如今对各种化学药剂和试剂进行某种罕见的混合后产生的那些神奇的石化现象,或者对一些古怪的海生生物(在那些生物身上,外部成分的湿气迫使它们体内的生长本能形成了一些荒谬的形式)感到赏心悦目,那么它在这里,在这个人身上,就不仅仅是对这样一种罕见性,而且是对由从笛卡尔的松果体往下直到作者自己的马—自我(Pferde-Ich)②为止的一切可能的荒谬形式与畸形共生体(Concrescenzen)所构成的一个完备的收藏和——仿佛是——一个标本陈列室感到愉悦了。

V,52 虽说要在这样一个浑浊不清的团块中认出某种纯净的元素是很难的,然而人们却看到,那团从唯心论中飞来的、驱使它运动起来的酵母,以及从哲学那里出来,在很难见到的一些血管中蔓延并贯穿整体的东西(因为如果我没有搞错的话,我已经评论过作者是一个混合型的傻瓜),便是被唯心论者们喊停后据为己有的一些想法。这样一来,比如说,他就从这些唯心论者们那里获悉:哲学运思是直接从无条件者,因此也是从那单纯只受同一律辖制的东西开始的;而且一切只具有综合性质的东西都必定被这个无条件者否定;同一性这个本原不仅像在康德那里一样是真理的否定性标准,还是肯定性本原——费希特就是凭着这

---

① 桑丘·潘萨(Sancho Pansa),堂吉诃德的仆人。——译者注
② 可能是时人进行古怪的哲学争论时生造出来的一个词。——译者注

个命题,首先在《评埃奈西德穆》中,然后在知识学最初面世的那些部分①中,使哲学跨出了康德的局限性之外,将它引到绝对者上面去。这样一来,他②还从《知识学》第1节③得知,在"A=A"中真正被思考的不是A本身,或者作为主语与谓语的A,而是那必然的整体关联(纽带[Copula]),简言之,是同一性本身。

这样一来,如果说人们现在时常听说,那些到彼时为止都一直处在粗疏无知状态的人们,如果——比如说——偶尔一次看到一缕细小的光线打开,就能对自身称颂不迭,也能对自身罕有的禀赋大加夸赞;那么我们的作者由于初次听说经验论的事情,在这个领域觉得一切都是陌生的和全新的,还没有对他自身深深地弯腰折服(第296页);而且由于如此惊讶莫名的莱茵霍尔德的种种激动之情都是在他到彼时为止从未克服过的同一种最粗笨的经验论状态下出现的,那么他此后机械地再现这些激动之情,直到现在还老是再现它们,就有其必然性了。

只是由于在所有的艺术和科学中,尤其在哲学中,人们从别人那里借来的翅膀都是飞不远的,所以那个人④在徒劳地尝试过向真正的无条件者和最高同一性的以太提升之后,立即落回到

V,53

---

① 费希特知识学面世过程相当复杂,他在生前就写过多个版本,屡加修改,比较成型的版本是1794年的《全部知识学的基础》,在这之前他曾试探性地出版过一些部分,作为讲稿,在此之后他又进行了几次比较大的修改。因此这里说的"知识学最初面世的那些部分"并不是一部名为《知识学》的成型书稿的一部分,而只是费希特早期出版的一些试探性部分。——译者注
② 指上文中说的"作者",即莱茵霍尔德。——译者注
③ 这里所说的《知识学》应指1794年的《全部知识学的基础》,其第1节名为"第一条:绝对无条件的原理"。——译者注
④ 指巴尔迪里。——译者注

莱茵霍尔德的质料中,落回到陈腐哲学必有的那个泥淖中去了。从莱茵霍尔德这方面做出的保证,即希望超出一切客观性和主观性之上(只是达不到两者的绝对同一性),结果化为乌有了,因为它陷入最深的主观性(主观性本身当然是一种**纯粹的**同一性了),陷入作为思维的思维(这思维不仅使质料与自身对立着,还预设了质料)之中了。由于质料直截了当地被规定为无限的多样性,那么他们便设定了一种存在,而且正如前面叙述的那场对话表明的,那是先于思维和在思维外部便带有了思维的一切可能的规定的某种完全成型了的经验性存在,因而他们还设定了一种自相矛盾的思维;此外,作为思维的思维,尽管他认为它有所谓的绝对性,同时却受到与它相对立的东西限制,而且必须与那东西相适应,并直截了当地被那东西独立预设了,这样的思维本身不再是一种思维,而是一种赤裸裸的非思维——以上种种观察,都是这种纯洁无瑕的哲学运思闻所未闻的。像公式哲学(Formularphilosophie)这种乏味的幻想,其本质就在于半吊子思维(Halbdenken),在于太过德国化的胡扯,那些想象的存在者(Entia imaginationis)便属于此列,无限的多样性就具有这种性质;无限的多样性作为先于思维的无限规定性,既不能真正被思考,也不能哪怕凑合着被直观一下。在费希特露面后的最初那段时间,这类废话瞬间就沉寂了,再也听不到任何人——哪怕莱茵霍尔德——讲这类话了;关于质料及其无限多样性,关于那通过形式附加到质料之上的统一等等的话语,如今又可以招摇过市,这只能证明,过去它们是以多么难以置信的速度被遗忘了。在后来的整个时间里，思维与质料都一直像在开始的时候一样僵硬对立着；二者运行在两个同样不可能的世界里，老死不相往来；尽管如此，一方面思维或同一性对质料起作用，另一方面（第319页）是质料在影响思维，在这里头脑围绕经验论完成了重建，我们将物质的流变（Influxus physicus）与莱茵霍尔德的基础哲学结合起来，通过这两者的结合得到了比哲学中以往存在过的二元论都要粗糙的二元论。——随着双方的接合，事情具有了如下性质：尽管质料是最高的非同一性、无限的多样性，它还是有一种被施魔法般的禀赋可以被设想。尽管如此，为了被设想，作为质料的它就必须被消除，这个意思在这里是用来自经验心理学的那种透彻的、以与那位老师完全相似的方式看问题的评论来展示的："比如说，**被说出来的以及被写下来的词语**，作为质料必定在**听**和**读**中被**消除**了，而思想则会从中产生。"——然而质料不会完全被耗尽；这里余下的东西就用来代替康德的那些纯粹直观了；它是那不可根除的、重又瓦解为相邻和相续（Neben- und Nacheinander）的相互外在形式（Form des Außereinander），它是余下的，并且与思维相**接合**——为什么？——啊，那喜乐的哲学（der glückseligen Philosophie）在这里恰恰见不到某种成型的自然规律适得其所地产生出来——因为**依据自然规律**，形式不能被形式毁灭。然而这样一来，据说那胡扯便可以达到其顶峰了，那么质料对于作为思维的思维（这思维变成了一切本质的本质和神性本身）的独立性和它被后者预设的状况便得到了证实；然而同时他认为又重新成为可能的是，上帝自己创

V, 54

造了质料（第256页），而这样一来，他的那种淡漠态度便又有了某种矛盾，在这种情况下，这位逐渐被书写出来的上帝，尽管有可能发现质料就在自己面前存在（同上引），仍然被设立为一切可能性和现实性的根据了。

V, 55　　如果说我最后还应该描画一下整部著作的完成，那么在我看来在作者本人之外（如果人们可以换种方式，将他的写作与一次绘画相比的话），再也没有能比塞万提斯在他的《堂·吉诃德》第三章①讲到的乌韦达②那位画家更完美地表现这种手法的了。当有人问那画家画的是什么时，他回答说：**画成什么就是什么**；或者说：**冒出来什么就是什么**。而当他——比如说——画了一只公鸡，他就在那下面写上"这是一只公鸡"，这样任何人都不会把它看成一只狐狸或一头猪了。

　　如果需要特别谈一下这部著作的雄辩性，那么可以说尤其在作者开腔谈论上帝的定在，要重新整个抖掉教条纲要式形而上学的古老灰尘的那些文句中，那种雄辩性就升华为人们通常用来赞扬嘉布遣会士③布道的那种情愫与力量了。这样一来，莱茵霍尔德在我看来反而并非不像具有从前法国所谓的那种强大心灵（Esprits forts）的那些人，那些人先是在生活中被普遍的无神论风气（染上对现存宗教的厌恶之情）吸引，将死时在卧榻上

---

① 指该书下卷的第三章。——译者注
② 乌韦达（Úbeda），西班牙小镇。——译者注
③ 嘉布遣会（Die Kapuziner），全称"嘉布遣小教友团"（Ordo Fratrum Minorum Capucinorum），罗马天主教会下属的一个方济各派托钵修会，教团名字得自方济各会修士服上著名的风帽（Kapuze）。该修会如今是圣方济各最初留下的教团的三大分支之一。——译者注

终究还是对一位满身灰尘的嘉布遣会士举行的宗教关怀感到高兴。然而前者如今消停了，因为当他找到了一个愿意使他脱离愚蠢混乱的构想而归于纯净的效仿者之后，我们几乎不会在受到诱导后再回过头去关注他了，尽管所有那些差强人意的模仿世界者（Abschreiber der Welt）还不想这么做。因而我要请您回到我们完全偏离了的那个对象上去，更要继续您的报道，因为这个报道还会为我们提供更多的开怀大笑和闲谈臧否的机会。

朋友：非常乐意，因为在我看来，似乎我们在这个对象中越深入下去，它就越有吸引力了。那么，莱茵霍尔德还特意将鉴于作为思维的思维而对量、质和模态方面的一切差异性的否定归入那位老师的发现之列了。

作者：就他发现了如何说出作为思维的**那种**思维（我们曾称之为绝对自我，称之为主体与客体的绝对同一性）而言，这话诚然是正确的；因为目前对康德无话可说，他的整个哲学恰恰都在于那个否定性的结论，即由那些依照量、质等等划分开来的概念规定的只是现象，而不是**自在**之物，这样一来，刻画真正的或误认为的绝对者的这种否定的方式，恰恰就是哲学的每一个初学者首先要掌握的方式，正如——比如说——我本人在《论自我》①这部著作中所做的那样。"对于绝对自我（=主观东西和客观东西的绝对同一性）"，其中一个文句说道，"不存在任何可能性、现实性和必然性。"在这个意义上说，一切反思性对立和综合都与它无关。——"对于绝对自我"，那部著作的另一个文句说道，

V, 56

---

① 指《自我作为哲学的本原》（*Vom Ich als Princip der Philosophie*, 1794）。——译者注

"如果一般说来还存在着可能性和现实性的话,那么一切可能性都会是现实性,一切现实性都会是可能性。然而对于有限的自我,却存在着可能性和现实性,因此他的追求(以及正如从这个整体关联中显示出来的,他的思维)必定是关联于二者而如此这般被规定的,这正如绝对自我的存在,当它有了可能性和现实性时,才被规定。——对于绝对自我而言的**绝对**调谐(Zusammenstimmung),对于有限自我而言便是产生出来的东西。"(同上书,第178、207页[第1卷,第232页]①)这里就清楚地表明了下面这个主张,即绝对者的本性必须由在反思中相互对立起来的那些东西的统一来规定,而在反思的综合中结合起来的东西,那以对立为条件的状态,则是从这统一的概念中抽离出来的;因而这统一不能被设想成被产生出来、聚合起来的东西,而要被设想成绝对的,比如说,不能被设想成受到可能性和现实性限制的那种必然性,而要被设想成超越后两者且反过来限定着它们的必然性,简言之,要被设想成**圣洁**的必然性、**圣洁**的同一性。

现在看来,那个人②在某种程度上就是从唯心论者们的著作中抓住和学到了上述思想的只鳞片爪,将绝对者称为作为思维的思维,还从他的存货中取出莱茵霍尔德的质料、二元论、经验心理学,添加上去,这样就搅和出了他的那一堆思想糨糊。

朋友:或许您更乐意看几个样品。就在这里。您的句子:"绝对的同一性永远不能作为同一性被消除"——正如人们从那

---

① 方括号内文字为原编者注,指谢林《全集》中的页码。——译者注
② 指巴尔迪里。——译者注

个整体关联中看到的,这话等于说,**不能在任何意义上被设想为走出自身之外了**——被和下面这个句子编织到一起了:作为思维的思维没有遭受任何质上的区分;在作为思维的思维中不存在任何否定。——在我看来,您那个句子恰恰属于直接与这种二元论相对立的句子之一,而二元论对绝对同一性走出其自身之外并没有任何意见——多样性居于质料上,而质料并非同一性本身,而是与同一性正相对立的东西。

作者:在这种二元论中根本没有想到要反对绝对同一性走出其自身之外——毋宁说它倒是很懂得,对这种走出去的现象甚至也得给出一种相当清楚的说明;很不幸的是,在那个底稿本身中有一个相当明确的文句表明了这一点。在这里,第114页。"除了运用那个一(作为思维的思维)之外,还得**补充**一个加和(plus),因此还得**补充**某物(那么在这个问题上,我们仿佛已经幸运地走出了这种局面。只是情况变得好些了)①。这个某物不能再是**那个一**本身,因为否则的话后者就不是任何加和(plus),反而又只是**其自身**了。(当然!)然而这个某物也必须具有那样的性质,即**那个一**能**接受**这个某物;否则人们如何将那个一和**这个某物**集合到一起?倘若这个某物是个一,然而又**不是那个一**,那么它们就可以自行接合起来了。倘若这个某物不是任何一,而**那个一**能将它弄成个一,那么它们就可以自行接合起来了。倘若这个某物是——比如说——质料,质料有某种**形式**,

---

① 此处和下一处括号内的文字均为谢林所加,下文中出现类似情况不再一一注明。——译者注

V, 58　这形式是不能**作为形式**被根除的,而那个一又能将质料身上的一切予以毁灭,直到只剩下它的形式为止:这样一来,**那个**一就能将这个某物弄成个一,而那个一与这个被弄成了一的某物就可以自行接合起来了,就**必须**自行接合起来了(因而双方是交互起作用的),因为没有任何形式更能毁灭另一种形式。因此我们就有了 1+1,这就是说,**我们就走出来了**,**得到了我们的二**,等等。"——谁要是有兴致,就接着读下去吧;我们要让那个一和这个某物相互随心所欲地发生摩擦和接合。

朋友:您再听听其他的。"就绝对的同一性而言不可设想量上的任何差别,而绝对的同一性又只有在主观东西与客观东西在量上的无差别状态这个前提下才能存在",这个命题被拿来与下面这个命题等量齐观,即"作为思维的思维不接受量上的任何区分";在我看来这似乎又是风马牛不相及的。

作者:这正如一位算术家的陈腔滥调之于欧几里德的一个命题。——那两者在量上的差别——先这样说——根本不足挂齿,因为它们有一种质上的差别,因而在它们的无限多样性中有着绝对的差别。然而量上的无差别状态就更无从谈起了,因为他们根本不了解与它们的抽象同一性不同的另一种同一性,根本不了解在某个方面停顿下来了的那种同一性。通过前一个命题,我首先看到了与对**质上的**某种无差别状态的一切想象的对立,依据那种想象,绝对者与其说在同样的意义上,不如说同时是认识和存在,同时是观念的和实在的。那时,在这个问题上我眼前确确实实浮现出了**雅可比**在他对斯宾诺莎的阐述中提出的那几个命题:"两者(思想和广延)一同只构成了一种不可分离的东西,这样一来人们在这两种特质的哪一种下来设想上帝就是无所谓的(了无差别的)";此外,"依据斯宾诺莎的看法,思维在其自身看来不属于广延,正如广延在其自身看来不属于思维,它们反而是结合在一起的,**这仅仅是因为它们是同一个不可分的东西的两种(同样无限的)特质**。"(《关于斯宾诺莎学说的书信》①,第183、191页)因为两种同样无限的特质并不能在实在的意义上相互区别开来,那么这里就出现了雅可比在另一个地方(我同样还记得那个地方)说过的那种情形,(斯宾诺莎的)这位上帝的**统一性**乃是基于不可区分者的同一性,因而也排斥了某种杂多性。②

---

① 雅可比的这个书信集对德国古典哲学的发展产生了关键影响,这些书信是写给门德尔松(Moses Mendelssohn)的,后人将二人就此所写的往来书信编辑成册,见 F. Mauthner(Hrsg.), *Jacobis Spinoza-Büchlein: nebst Replik und Duplik*, Georg Müller Verlag, München, 1912。——译者注

② 当然,尽管在《论批判主义的计划》(F. H. Jacobi, *Über das Unternehmen des Kritisismus: die Vernunft zu Verstande zu bringen, und der Philosophie überhaupt eine neue Absicht zu geben*, 1801.——译者注)这类文章中有一些难堪的扭捏作态(适合于发表在一份注定会使哲学发生某种本质性退步的杂志上),该文作者在下述那些文句中却并未掩饰他对他的朋友莱茵霍尔德的胡说八道的真正看法;关于那些文句,令人奇怪的是,那个人居然并不插话置评便把它们放过去了,因为他在其他地方可是非常急切地要用他那些糟糕的评语来装饰雅可比的演讲的。——第45页:"现在看来,我花了18年的时间试图理解,结果不过是一年比一年更不理解,你们是如何能表象一个杂多东西的(对于杂多东西你们只是添加上统一,而对于统一你们只是添加上杂多东西),或者说如何能在任何意义上设想这种纯粹的被给予性。然而你们并不能只有杂多东西,反而是杂多性和统一性这两者要相互预设对方、限制对方,使得它们都只有在对方中和与对方同时被设想,作为一切思维和存在的实体形式(forma substantialis):这是从你们的整个先天的(从作为思维的思维中引出的)织物中生成的东西。"——第95页:"哲学必定是从柏拉图那里大规模开始的;——在个体化的本原(Princip des Individuirens)中有着多与一的秘密,这二者不可分离地结合在一起;存在,实在性,实体。我们关于这一点的那些概念都是纯粹的交互概念。统一预设了大全,(转下页)

朋友：我差点忘了，他把您关于"要将理性思考为主观东西和客观东西的彻底同一性，就要从作为思维者的自身那里抽身而出"的要求与下面这个要求杂烩到一起了：要设想作为思维的思维，就要从自我那里，亦即恰恰要从主观东西和客观东西的同一性那里抽身而出。

作者：在这里，愚蠢立即昭然若揭。——那个文句中所说的东西，有着完全不同的背景关联。这里涉及的是那样一种抽象，它正如前文引用的我的《杂志》中的那篇文章(第2卷第1册，第118页[第4卷，第79页]①)表明的那样，对于一种**纯理论**哲学是必要的，②而同一份杂志的另一处文句中在谈到这种纯理论哲学时(第1卷第2册，第85页[第4卷，第77页]③)是这样说的：只有

(接上页)大全预设了杂多，杂多预设了统一。因此统一就是这个永恒循环的开端与终点，而且称作**个体性、有机组织、客体—主体性**。"(这里是否有着某种改正唯心论的主体—客体性的意图，这不好说。)——谢林原注

① 方括号内为原编者注，指谢林《全集》的页码。——译者注

② 前引文献第122页(第88页——原编者注[指《全集》本页码——译者按])中的如下文句可帮助阐明这个意思："即便在唯心论体系中，为了建立一个理论的部分，我也必须将自我(主观的主体—客体)从它自身的直观中取出来，从理智直观中的主观东西那里抽离出来，简言之，将它设定为无意识东西(Bewußtloses)。然而自我就其为无意识的而言并不=自我，因为自我就其认识如其所是的其自身而言，只是主体—客体。"——因而这里描述的从主观东西抽离的做法，就是通过**纯粹**的主体—客体的道路，通达**绝对**自我、通达主观东西和客观东西的绝对同一性的道路。

可能在一个脚注中再提提下面这一点就够了，即那些人终于开始在他们那方面谈论某种**客观唯心论**(*objektiven Idealismus*)了(第1篇论文，第132页)。人们几乎可以在这里看到前面引用的那篇文章的一丝痕迹。——如果说存在着任何一种客观唯心论，那么它便是在我的体系的理论部分被提出的那个唯心论。那么对于从事反驳的行家而言，他们如今称作理性实在论(rationalen Realismus)的东西并不存在，这一点并不需要进一步的证明，只需看看他们那愚笨的保证就明白了，即他们的哲学就是重焕生机的柏拉图主义和莱布尼茨主义。——谢林原注

③ 方括号内为原编者注，指谢林《全集》。——译者注

当人们学着在纯理论的意义上单纯客观地（在人们谈到的某种客观创作的意义上）、没有混进任何主观东西地思考时，才会理解这是什么。

朋友：莱茵霍尔德提出的一个很好的问题是，从理智直观中的主观东西那里抽离出来之后（这样一来，理智直观中的客观东西也就直接停止成为客观的了，因为它成了一切主观性与客观性本身落于其中的东西），还**剩下**什么。这就是说，他自己想到了下面这一点，即您甚至从理智直观**中**的主观—客观东西那里抽离出来了。——他后来费尽力量发现的最值得注意的一点是：哲学在两个体系中的立足点便是**理性**。——

作者：但愿他能为从他自己的想法中得出下面这一点而自豪！

朋友：——哲学的认识是对各种事物**如在其自身存在那般的情形**的认识。

作者：这当然是自柏拉图以降的所有真正哲学家的共识，只是我恰恰根本想不起在《逻辑学纲要》中读过一丁点这方面的意思，就更别说真的发现他有这方面的意思了。

朋友：倘若他由此还能了解您所见的理性和自在之物是什么，我就会奉劝他将新版的斯宾诺莎著作送给保罗①教授先生，以作为对后者将著作题献给他的理所应当的回谢；这位只关心如何利用科学的学者当然会乐意这样做，这便可以帮助他脱离粗疏的无知。

---

① 谢林的同时代人，生平不详。——译者注

作者：或许他那时也会安于对斯宾诺莎作点评判,没有更高的追求了。

朋友：您再听听最后一点。亦即他厚颜无耻,居然说到您像那位老师一样,在您的体系中通过各种潜能阶次的说法,利用了那个名称。

作者：我差点禁不住要将这当作他那方面的一种耿直做派了。因为这一点涉及的是某种单纯的事实,也能在纯粹事实的意义上得到澄清,如果他明白并留意他的优势所在,他本不应该触及这个点的。这就是说,正如可以向每一个能初识文字的人证明的,现在人们必定对那个老师表示怀疑,即现在看来**关于哲学中的各种潜能阶次的一般理念**,在任何情况下,都是从我或我马上会引证的另一个人那里占取的,但关于哲学中的各种潜能阶次的这个**特定概念**,以及**对各个潜能阶次的规定**,完完全全只是从我这里借去的。尽管对于谁在运用我的方法、那个人是胜任其事还是笨拙模仿,我当然不可能无所谓,如果我真是无所谓的话,在我看来那个人①还是会悄悄地把这些胡话继续说下去的。然而现在我当然不会允许他对我这样做。对像 + 和 − 这些一般数学符号的扩展应用,此外还有通过数学公式(我使用的那些),尤其是通过这些公式的各种幂次而对各种概念的名称进行应用,这些**埃申迈耶尔**在他于1797年出版的《自然形而上学

---

① 指巴尔迪里。——译者注

命题》和他于一年后出版的《先天推导磁现象的尝试》①中已经做过了。——在我于1799年6月出版的《自然哲学导论》②中,我对动力产物和有机产物的演绎中的一些突出的要点如下:

无机自然是**第一潜能阶次**的产物,有机自然是**第二潜能阶次**的产物——这是上文中确定下来的,然而很快会显明的一点是,它是一种**更高的潜能阶次**的产物。——见前引书第76页(第3卷,第322页)③

生命过程必定又是化学过程的**更高潜能阶次**。就有机产物而言,自然中的矛盾是,产物应当是生产性的,亦即应当是**第三潜能阶次的产物**,然而作为第三潜能阶次的产物又应当过渡到无差别状态中去。——第77、79页(第323、324页)

个体或快或慢地停止成为生产性的,但正因此也就停止成为**第三潜能阶次的产物**,而且当它降解为**第二潜能阶次的**(单纯化学过程的)某个**产物**后,自然才凭着它达到了无差别状态之点。——第79页(第324页)

这项任务预设了,有机产物和无机产物是对立的,因为前者只是后者的**更高潜能阶次**。——第81页(第325页),

---

① 谢林的引用不完整,该书原名为《从自然形而上学命题中先天推展出磁现象规律的尝试》(*Versuch, die Gesetze magnetischer Erscheinungen aus Sätzen der Naturmetaphysik, mithin a priori zu entwickeln*)。——译者注
② 即《自然哲学体系初稿导论》(*Einleitung zu dem Entwurf eines Systems der Naturphilosophie: Oder über den Begriff der speculativen Physik und die innere Organisation eines Systems dieser Wissenschaft*)。——译者注
③ 括号内为原编者注,指《全集》页码,下面几段另加括号注明的页码同此。——译者注

等等。

在那本著名的《纲要》①中，各种潜能阶次也以完全相似的方式被提出了，只不过那里提供的还是在《自然哲学初稿》②中（第200页［第3卷，第182页］）关于作为单子的某种沉睡状态的僵死物质、作为单子的某种睡梦状态的动物生命、作为清醒状态（依据莱布尼茨）的理性生命所说的话。因为尽管那里只认可人具有第三潜能阶次，然而在精细考察过关于一匹马的表象之后冒出来的各种结论中，有一点却明朗起来，即在他看来，人在这种潜能阶次中不过就像是一个顶点而已；如果人们不愿意假定下面这一点，即那位老师并没有遵循前面引用的那些文句中的第一个（在那里有机自然还叫作第二潜能的某种产物）③——在那里他还慷慨激昂地就这些潜能阶次宣告说："只要世界上还有对同一律的某种认识，因而还有对思维的某种认识，因而还有某种哲学，这些公式就会一直有效。"

朋友：如果人们不知道该如何解释这样一个人的激情，那一定是还不了解它的真面目，而且让我觉得奇怪的是，对那光天化日里明白昭彰的事情，您却把它当个问题来谈。您的《导论》出现得真够及时的，恰好在他那糟糕的产品结尾的地方，当他开始

---

① 《第一逻辑学纲要》。——译者注
② 《自然哲学体系初稿》（*Erster Entwurf eines Systems der Naturphilosophie*, 1799）。——译者注
③ 在这里是一个并不成文的破碎句子，原文只有以"如果"二字带出的假言命题前半句，却没有下半句。一种可能的解释是，"作者"在这里讲了半句之后，被"朋友"打断了。——译者注

就各种潜能阶次胡说八道的时候,①可以被他利用了;而且恰恰就在那个地方的前后,开始了对那样一种自然哲学的谩骂,他在谈论植物、动物等等的本质时明显是想模仿那种自然哲学的。我必须在前引文句那里再次提醒您,他挪用了您的《论世界灵魂》一书(第VIII页[第2卷,第350页]②)的"序言"中提出的那个命题,即"机械论如果不预设有机论便不可想象"③,基于此便直接开始对您发出他的粗野辱骂;因此人们就不会怀疑,为什么他恰好现在才开始谈论"大有前途地并没有挂在《论自我》这座旅馆墙上的《论世界灵魂》盾牌"(第175页)。

V, 64

作者:他所做的还不止于此;他保证:我久已如此密切地依恋——这是他的原话——那个命题,即机械论只有通过有机论才能成为可能,直到终于让德国一个最伟大的自然科学家明白了我就此写下的许多话。

朋友:是吗?那他为什么认为有必要在这里讲述此事呢?

作者:似乎人们在敦请他现在就说出这位自然科学家的名

---

① 那部著作中对这些概念的运用有多么粗糙,这一点无需进一步阐明,这就像那些已经被其他人注意到的粗野违反他的那些公式中的第一批数学概念的地方无需进一步阐明一样。——在我的体系中,各种潜能阶次的情形是,它们在个别现象中和在整体上都存在,比如我在构造每个个体物和构造整体时都同样需要那三个潜能阶次。也就是说,情况是这样:在第一潜能阶次中所有潜能阶次都从属于第一潜能阶次,在第二潜能阶次中它们全都从属于第二潜能阶次,在第三潜能阶次中它们全都从属于第三潜能阶次。在这一切中——在个别物和在整体中——唯一实在的东西在我看来就是A3,即普遍东西与特殊东西、无限者与有限者在其中绝对合二为一的那个东西,简言之,永恒者。——谢林原注
② 括号内为原编者注,指《全集》页码。——译者注
③ 谢林在这里虽然加了引号,但这句话实际上并非直接引用,而是对原文思想的间接引用,《论世界灵魂》"序言"第350页原文并无此句。——译者注

字时,就能感受到不小的乐趣。

朋友:我希望,正如在某个类似的场合,那个著名的丹贝格人①(他还有其他一些可与那人对照的地方)将他置于死人之列,他同样也会深思熟虑的。他自己的那些想法极为空洞与贫乏,以致论文集第二册中付印的那个阐述中也出现了这样的命题:有机论就是被阻断了的因果洪流,是沿着圆周线回到自身之中的连续体,它被理性的实在论接纳,还被视作不错的战利品了。这里莱茵霍尔德将会发现与他同气相求的一个新地方。

作者:您一定是从书评中得知这一点的;当然无可否认的一点是,我发现了远为坚实的真东西,缺少的只是合适的理由——人们必须首先将作为思维的思维置于其下。②

朋友:现在看来,如果有人想看一看内心的忧虑是如何形诸言词的,那人们就可以向他推荐莱茵霍尔德的那篇论文。人们在绝望中无法忘怀的是什么?他甚至没有想到,他们的唯心论的整个构造都是通过各种潜能阶次构成的一种层级序列而进展的,而且您在新的《阐述》③中运用的那个方法,完全就是成为《唯心论体系》④的基础的那种方法,只不过那时是在一个比较狭窄的层面上运用罢了。

---

① 丹贝格(Damberg)为地名和居民区名,属于当今的奥地利,这里说的"丹贝格人"即上文中提到的自然科学家,具体不详。——译者注
② 谢林的意思可能是,人们应当明白巴尔迪里所谓的"作为思维的思维"不过是对谢林思想的拙劣模仿,但他不便直接挑明这里真正深刻的思想是自己原创的,得找到适当的理由才可以挑明。——译者注
③ 指《来自哲学体系的进一步阐述》。——译者注
④ 指《先验唯心论体系》。——译者注

他在第一册的"序言"里声明,如果**他这一次又弄错了**(而他现在很可能看到了,情况并不是这样),那么他的名字可能也会**暗淡消失**。

作者:他的名字自动就会消失,无需他的允许。

朋友:简言之,它已死去,而且感到自己死了。

作者:一开始的时候您不是还提到他就重新阐述他的学说系统做的最后一次尝试吗?

朋友:您得自己读一读这新阐述。

作者:您是知道我的情况的,也知道我对他的哲学论文就像对魔女的九九乘(Hexen-Einmal-Eins)①一样根本不看好。您要是强使自己读一次这九九乘,那么您还是要劳神与我分享一下。

朋友:我很乐意,知无不言。因而正如已经说过的,而且从他自己在"序言"里的报道来看,埃尔朗根那份报纸上的书评尤其打乱了他的阵脚。——现在看来,正如一群勤劳的蚂蚁,当某个过路的人故意毁了它们的巢穴时,会马上麻利而勤勉地将巢穴尽可能好地重建起来,那个人在第一波躁动过去之后,也找回了他的体系的四分五裂的学说片段,重新加以评论和修正,将对理性实在论各要素的那种**已经分裂为两半**的阐述改写成现在这种新的阐述,后者——由于他在这个问题上完全天真无知——如今披上的方法外衣,在形式上与斯宾诺莎借鉴他的老师笛卡尔,谢林则在他的绝对同一性体系上借鉴斯宾诺莎,莱茵霍尔德

---

① 语出歌德《浮士德》上部"魔女之厨"一节中女巫念叨的咒语,谢林在这里指局限在一个小圈子里打转的一些无谓的废话。中译文采用了郭沫若译法,见歌德:《浮士德》(第一部),郭沫若译,人民文学出版社,1959年,第126页。——译者注

如今又借鉴谢林时披上的方法外衣相同。因为很自然的是,他是依据感受到的影响来探究那形式下的事情的。上帝知道,他们可能使他付出了艰辛的汗水,而他要创作出那一类的东西是相当痛苦的;然而关于内在的证据,那么人们虽然发现了极多的说明、阐释,甚至对说明的说明和对阐释的阐释,一般用20个加了重点号的[①]词(当缺少尖锐的证据时,就通过划线代替),还发现像"能在现实本身中重复**作为**本质、在本质中和通过本质的其自身,因而作为那种作为本质在现实中带有了作为思维的思维这种特征的本质而存在的那种本质,就是理性的本质"这样的一些套叠长句:但原理很少,证明便更少了(不言而喻,那是哲学的证明)——不是为了提升到思维而对消除质料的必要性的阐释,像前面提到的从阅读和道听途说得来的那种阐释。

作者:别人都努力使那在本性上而言并不流行的东西变得流行起来,这个人在我看来却总是在利用哲学,使他从来都没能超越过的那些流行状态变得不流行,而且用种种哲学公式把那些状态强行提升为哲学。

朋友:只不过有一个区别,即那些人知道他们在做什么,他却像一个在深深的迷梦中围绕着由重重怀疑打成的笨重结头挥汗如雨的人,而且当他醒来时便会发现,那只是再普通不过的一些事物罢了,只是他酣睡不醒,而且从一个梦直接落入另一个梦

[①] 这里"加了重点号的"在原文中是"10.5疏排","疏排"是当时加重点号的方式,即将字母与字母之间的距离拉大,10.5应为当时的疏排间隔大小。由于疏排的方法和疏排间隔在当今西文中已经不用,在中文语境中更谈不上,这里我们采取意译。——译者注

中。对于他最后说的那些话,大体上人们只需撇去那种畸形的形式,就能发现那底下只有像前面引用过的那种陈腔滥调,即理性的本质是一种思维着的本质,如此等等。现在我当然首先得循着他自己费力弄出来的那些曲里拐弯的思路和出路来看问题。

作者:我们得阻止他弄出这些东西来。

朋友:尽管他在"序言"中想使读者们相信,在新的阐述中无非只是在运用这种形式,他却并没有停止从您的阐述中了解事情的真相,以至于甚至了解到(当然是能了解到的),他对问题的理解很糟糕。首先就他所以为的那种绝对同一性而言,无限的可重复性这一次真的没有被重复。

作者:我们已经达成了一点共识,即我们不会允许这事发生。

朋友:当然,人们很好地注意到了那个文句,您在那里把火点燃了,他却很想完全无声无息地将它挪开。

作者:那么您现在是如何看待那个文句的?

朋友:它不多不少正好刻画了作为思维的思维的特征,而这种特征又不多不少正好是绝对的同一性。

作者:完全就像《第十二夜》①里的那个傻瓜:存在者存在着,因为是**它**的东西如**它**那般,也如它**存在**那般**存在**。

朋友:值得注意的是,这话只是暂时说得通(因为他的整个哲学运思都不过是暂时的),它只是有疑问地、假设性地被提出

---

① 《第十二夜》(*Was ihr wollt*)是莎士比亚的喜剧。——译者注

了,只是一个序文(Préambule)、一个引子,除此之外无他(第193页)。

作者:我认为这很好。

朋友:然而他和那位老师那里是什么因素确定无疑地和断然地接受了绝对的同一性,这一点只有在探索结束时才清楚,而且那时也才清楚,在思维的运用中是否以及在多大程度上包含了**主观性**、**客观性或同时**包含了**两者**。

作者:再明白不过了!只是人们不会同样如此激烈而断然地为他设定他那种绝对的同一性,那样的话同一性由于具有麻痹的本性,便不会完全归于破碎。它逐渐就有了。人们只需给它一些时间。

V, 68

朋友:在我们面前,他是不能从后面的这个小门溜走的。——关于这一点,您还得听一听。第12节保证说:在客体中可能性和现实性处在联言判断中,因而现实性和可能性不仅仅是一个离不开另一个,而且每一个还得在另一个中,而且并不因此就使得两者混同起来或者能相互过渡。

作者:然而这里一个人是看得到的,这听起来很像是对我们所谓的无差别状态的描述。那么可能性与现实性这两者如果一个不是另一个(尽管一个还是被包含于另一个中),两者如果没有被某种更高的东西(所谓的绝对同一性)结合起来,它们在客体中如何被联结起来?由于在反思的认识中,可能性符合无限的思维,现实性符合无限的存在,那么绝对同一性就必定是思维与存在、观念性与实在性的绝对无差别状态。

朋友：您会在第15节附释1中更确定地发现这一点，那里说道："本质、必然性、作为绝对存在的**绝对存在**，既不仅仅是具有可能性的存在，也不仅仅是具有现实性的存在，也不仅仅是两者合起来（仅仅就双方中没有一方缺少另一方而言），它反而是被包含于具有现实性的存在本身中的具有可能性的存在本身，同时也是被包含于后者本身中的前者本身，却没有因此而使得具有可能性的存在成了或能成为具有现实性的存在，也没有因此而使得后者成了或能成为前者。"——很明显，这种存在是希望走出去，达到主观东西与客观东西的某种绝对的同一性；由于那样的话这个命题就在最初的本原这个问题上与他的体系相矛盾，那么它便服从于那样的东西，后者必定会发生种种妥协让步，而且绝不能被当作在那体系最初的根据和基础上产生出来的东西。然而他还在别处，在第26节的附释3中隐藏着这种再漂亮不过的急救措施。那里说道（您听一听，您会惊讶莫名的）："即便绝对的同一性，也只有在**运用**的时候才能被设想成**绝对者**。"

作者：我不是说过事情会这样的吗？因为如果绝对的同一性只有在运用的时候才能被设想成**绝对的**，而且只有在那运用中思维才与质料结合起来，那么绝对的同一性也便只有就其是思维与质料的统一而言，才能被设想成绝对者。那么我们在这里就有了那样一种统一，统一与对立本身又在它之中合而为一。

朋友：然而它因此就陷入那些最极端的矛盾中去了。因为第4节说道："作为**绝对的**、无条件的同一性，作为思维的思维完

V, 69

全没有在自身之外预设任何东西。"

作者：且慢！这里真的已经有绝对者了,那么这样一来它的确也没有在自身之外预设质料,因而就将质料纳入自身之内了。

朋友：绝不。因为依照第5节的说法,它不仅在运用的时候,而且为了作为运用的运用,自然就预设了质料。它不会仅仅因为没有被运用和就它没有被运用而言,便不预设质料；然而一旦它开始被运用,对那质料却也无甚助益。

作者：那么这就像是人们说过的：单纯的胃,作为单纯的胃,在其自身之外绝对没有预设任何东西。然而为了它那作为运用的运用,它却必须预设某种食材。

朋友：诚然如此。然而在另一个文句中又宣称过,绝对的同一性只有在运用的时候才是绝对的；因而在第4节中,就其是**绝对的**而言并未在其自身之外预设任何东西的那个东西,到了第26节中却就其在自身之外预设某种东西而言才是绝对的。

作者：就愚见所及,这都是些最生硬的矛盾。

朋友：那时即使力有不逮,也会产生尽快打开某种全新局面的美好愿望。要安置这些新的碎片,"已然完成一半的阐述"恰恰必须被改写成**当前的新阐述**。

作者：这其至比虚伪的游戏更糟糕。

朋友：完全正确。他修正了他的哲学,正如人们说的,修正了命运（corriger la fortune）。

作者：您这样做不算冤枉他。您还不如说：他的理智如此虚弱,对他讨论的事情如此没把握,举止又如此笨拙,以致他即便对世界有最好的意愿,也可能被视作老滑头一个。他在其他各种场合下也同样出过洋相。比如那个引人注目的原理,即质料达到对自在之物的表象,当他针对莱比锡的一篇书评做辩护时只能拿出这个武器,就必定快速沦为一场单纯的**哲学游览**(参见他的论文集《论纠正此前的各种误解》①,第1卷,第436页)。他那时是在鼓捣游览性的哲学运思,如今则以抢先行动的哲学运思自救。那时谁会相信这只不过是一场无意识又无可救药的逃遁?然而谁又能在清醒的情况下头脑单纯地相信,他在一系列有着前人提供的论证,又必然对后人产生影响的原理中提出的那个命题(此外那个命题对他的体系完全是不可或缺的),在其自身只能被视作一场单纯的游览?由此可见,这种情形已经出现多次了。

朋友:在这种情况下他还做出了他的约定。因为在针对费希特写的那篇论文中他声明:如果下面两种选项只能二者择一,那么凭着**他的虚荣心**,他宁愿明明白白地被人指责为行事阴险恶毒,也不愿意被人指责为行事极端荒谬、无聊和平庸(第204页)。

无论如何,这里还有一个样品,见第4小节附释:"绝对的同一性即便在被运用的时候也保持自身等同,因此即便在作为思维的思维——纯粹思维——被运用的时候也是如此。"现在看来,难道这个命题看起来不是酷似"绝对的同一性永远不能被消

---

① K. L. Reinhold, *Beyträge zur Berichtigung bisheriger Missverständnisse der Philosophen*, Erster u. Zweiter Band, Johann Michael Mauke, Jena 1790 u. 1794.——译者注

V, 71 除"这个命题吗？它又如何与上面提到的思维和质料的两种合一方式（通过这两种合一方式，事情就落到一分为二的境地了）的**接合**相适应呢？（上引书，第57—58页）

作者：当然，如果他学着跟上时代潮流，此外还能勤勉有加地平整和修饰他的体系，那么他即使不能完全将那体系打磨得晶莹透彻，也还是可以随着时代的步伐打磨出某种东西来的，无论那东西是什么，好歹那是它的作者既不曾想过，如今也没有想到的东西。

朋友：诚然如此，那么谈到那位老师，当他平息下来后，他当然再也不会跑远了；他现在已经有了最佳的机会，稳稳当当地以他自己的人格去体验事情（他写道："为何最近时代的哲学如此堕落？"），一般而言也有了一切可能的由头，在他的自我那里显明哲学，而不是在哲学中显明他的自我。

作者：您别忘了那经常被利用，又再三误入歧途的质料。

朋友：当它在基础哲学中作为一个已证明的原理出现之后，在紧急情况下必定作为单纯的游览而流亡，然后又被召回，并在第一册（第111页）和第二册中被假定，现在在这里，它必定溜到某种**说明**的名义下了。

作者：当然，因为凭着那个证明，事情从那些时代以来就再也无望进展了。

朋友：但质料早已极为贫乏，以致人们马上只能对它报以聊胜于无的心态了。也就是说，如今它叫作在其自身**无规定**的东西和不可通过其自身来规定的东西。

作者：因而无限的多样性在它那里已经褪色。——即便这种多样性，我们也必定无法让人体验到了。

朋友：我只是惊叹，居然有人愚蠢到相信公众不会识破这样的弥天大谎，而且已被消磨损坏的质料还总能换来最初五光十色的那个质料。

作者：那么过去恰恰还在那里的那个不可根绝的形式，又是在哪里磨损的呢（前引书，第57页）？我曾认为，有着不可根绝的形式的东西永远不可能堕落到成为一种在其自身完全赤裸裸和完全无规定的东西的地步。

朋友：看来在这一点上的犹豫疑惧之心，正如在整个学说体系上的犹豫疑惧之心一样，也是不小的。正如在"序言"中，体系的过于显著的空虚性还有体系特殊的卓越性来为之辩解，质料的苍白性同样也获得了其特有的解释，因为在那份说明中的解释是：就被提出的种种说明先于探究活动本身，因而也先于那被探究的和仅仅在此意义上才成为断然的和无可争议的认识而言，这些说明只要求具有假设性的和成问题的有效性。——现在看来，用费希特的方式说，他认为某种质料做出了某种行为。

作者：啊，达拉俄斯人女儿①的庄严寓言啊，多少次，在多少例子上，你都能证明你就是最高真理！不是因为惩罚，而是出于对某个**根据**（这就是对她们的惩罚）的纯粹天生的恐惧，这些例子不像那些女儿那样被迫行事，反而自愿往一个有窟窿的桶里

---

① 古希腊传说中达拉俄斯人（Danaos）的五十个女儿因为杀死丈夫而受罚，必须在阴间不断用有窟窿的桶打水，后人常用达拉俄斯人女儿的劳作（Danaidenarbeit）比喻徒劳无功。——译者注

注水,**因此**水又从下面漏掉了。

朋友:然而只举一个例子,哪怕几何学似乎也是从一些成问题的和假设性的说明出发的,为的是达到无可争议的和断然的真理。

作者:简言之,我的朋友,关于对立观点似乎也只能说这么多了;而且尽管他本人说明过,在冲突的情况下宁愿被当作阴险恶毒的,也不愿意被当作在所有概念上荒谬幼稚的,然而我们在对一切善加思考后,即便连他的虚荣心也充分考虑在内,这一次却也根本用不上他的说明,而且在紧急关头还必须将他树立成愚蠢的典型和实例;这样一来,我现在也有了坚定的意志,这一次要做出些成果来,要描绘一下他自然的性子。

V,73　　**朋友**:为此所需做的事情无非就是对事实做一个极为简单的展示,正如在我们的对话中所做的那样,根本无需再讨论为此该做什么了,那么是什么阻止您现在就直接把这次对话发表出来呢?

作者:朋友,请您想一想您在做什么,以及您在诱惑我做什么。如果我们敢于犯难,协助莱茵霍尔德照着示范性方法再次仿效那个一,而不管他是否有此能力,并由此给他创造新机会,像在前面展示他的哲学的乏味那般展示他的精神的乏味,在他啄食的时候将我们自己反对他的那些想法带出来,像尼古拉做的那样,结果又逐字逐句地将它们付印,用来充实他的杂志了。那么当他引用那些想法的时候,他就认为对我们打击得够狠了;这就像他如今在表明某种东西回到了主体与客体的同一性或唯心论与唯物论的渗透互补之上后，就以为大功告成了一样，仿佛这事本身惊世骇俗似的；其实他在此无非还是诉诸已经引用过的那些根据，因为他在这个问题上让人听到的，从来都只是重复无数次的一堆可怜的废话。他在自行达到对自己的无可争议的和断然的认识之前，都只能以暂时性的和有疑问的心态将自己包裹在他对真理的爱和信仰的罩袍之下——而且变得很温和；或者我们应当敢于犯难，试着消除他羔羊般的本性，走向正式的撒谎和诬陷？——如果出现这种情况，我会很遗憾，因为那样的话我们自己虽然没有什么罪过，却成了罪过的原因。

那样的话他就轻巧地回避了全部的难点，比如这些：二元论；动物的那种影响思维的脉动的协同发生；质料；新阐述中的插入语和断裂语句；我们多次证明，他非常过分，在一年之后就不知道他在十二个月之前写过的东西了，甚至将他那已经过时的哲学当作一种新的发现，还把那个将他的哲学当作外衣和欺骗手段的一个小混混当作一位伟大的哲学家。简言之—— V, 74

朋友：完全就像他就费希特的复函所写的说明。

作者：这一点您还完全没跟我讲过；他在那里是如何应对的？

朋友：他在那里竭尽全力，将费希特向他倾注的辛辣讽刺冒称为宽大、和善和以前的好感的残余物，尤其还要使他的读者们相信，费希特总还是对他有一些敬重的，而您当然也完全打破了对他的所有防备；他尤其还夸口说，费希特称他为"我可敬的朋友"，大约是以人们与其助教谈话时所用的那种语调。此后他就给出了勤勉与良好运用的证词(testimonia diligentiae et bonae applicationis),费希特先前向他提到过这证词。

作者: 天知道,费希特可能对这个枯燥乏味的伪善者煞费苦心,而且不止一次,而是无数次自己呼告过:

> 此人的脑中永留着一切的希望,
> 他永远固执着这世界的衣裳,
> 贪婪的两手向着宝藏深挖,
> 挖着一条蚯蚓也快活无量!①

现在他滥用了费希特或许对他说过的话,为的是使他那消沉的幼稚学生气来些升华,那学生气必定极其违逆自由庄严的精神。——那么前述那些证词会怎么说呢?

朋友: 它们证明,现在看来,当人们说他根本没理解知识学时,那只是一种假装的姿态。

作者: 仿佛我本应该认为,这一点如今已是光天化日明白昭彰,而且就此所做的证词无非只能证明,费希特自己弄错了,正如他在他的复函中也说过的:他总是仅仅相信(geglaubt),而从不知道(gewußt),莱茵霍尔德理解了他。我既没有读过他对费希特著作写的书评,也没有读过他在其他地方就此说过的话;我只读过他就知识学所做的首次说明,我就是一劳永逸地依据那份说明说话的,因此我说不上来,费希特在多大程度上也只是相

---

① 这是《浮士德》中浮士德说的一段话,中译文取自郭沫若译本。见歌德:《浮士德》(第一部),第31—32页。——译者注

信,自己的意思被他理解了。我那时对那首次说明的看法在于,他根本没有理解知识学,这个看法就发表在《哲学杂志》①上(1797年度第10册[第1卷,第409页起]②)。

朋友:对此他拒绝接受劝导。——那么同样众所周知的是,他提出了一些多么可怜的关于意志自由的概念和多么不可救药的一套将意志自由归结为单纯的任意的理论,而且正如人们现在看到的,他直到最近一次改变主意之前都没有摆脱这些概念和理论。在同一篇文章里,甚至在更早的时候,它们就已经向他表明,他由此而走在了多么糟糕的一些道路上。现在他就这些亵渎上帝的观念,不是——比如说——像事情本应该发生的那样,以他的名义,而是以费希特和您的名义,在《德意志水星报》③和他自己的杂志上做出了公开的忏悔。基于此,他首先对无神论做出了听起来还算郑重其事的谴责,最后甚至十分过火,在那文章的结尾针对您问道:这里还能嗅出一点无神论的味道吗?——您对此还不屑一顾吗?

作者:如果他过去有机会在他的预感天赋和嗅觉天赋的欺骗性方面学到的那么多教训,还不够让他吃一堑长一智的,它们却向其他所有人表明了他们该对此作何感想;然而这样中伤所带来的羞辱终将落到他自己头上。如果人们能够仔细倾听,就

---

① 《哲学杂志》(*Philosophisches Journal*)是由谢林、黑格尔共同的朋友尼特哈默尔(Immanuel Niethammer)在那时编辑出版的一份杂志。——译者注

② 方括号内为原编者注,指谢林《全集》页码。——译者注

③ 《德意志水星报》(Der Teutsche Merkur)是维兰德(Christoph Martin Wieland)编辑的一份文学和书评期刊,1773年创刊,1790年后更名为《新德意志水星报》(*Der Neue Teutsche Merkur*),一直办到1810年停刊。——译者注

会发现他的名声衰落到了那样的地步,即没有任何人会重视他的谴责。我还会浪费宝贵的时间,还会将目光从唯一吸引我、使我全神贯注的东西那里移开吗?他们可以中伤我、辱骂我,间或扰乱我;然而他们所亵渎的事情本身却会安然无恙地在差劲的同时代人的妒忌下延续下去,而且如今已经被在数量上并不多、在分量和洞见上却远远更大的那部分人识得真章了。

V, 76

朋友:那么我就再次劝您立即将这次对话写下来,这可以为您节省时间。

作者:我的那些问题还没有结束。我们就像如今习惯于做的那样是在私下里谈话,这就是说,我们如实地将一条狗叫作一条狗,将一只猫叫作一只猫了。我们倒是愿意让别人模仿我们说,我们如何如何将莱茵霍尔德称作一个笨蛋、一个愚蠢的典型,而且我们对他的评判是,他完全衰退,又让一个傻瓜劫持了,对那位老师的评判则是,他是一个傻瓜,而且在傻气中透着琐碎、平庸、粗俗,等等。

朋友:由于在背后攻击人性的虚伪已经成了老套的风气,您就让那样一些人悄悄地到底下胡乱讽刺去吧,他们对在下判断时无所顾忌的性格直爽之人无计可施,他们远远更善于不断引诱那显得宽厚温和的本分之人走向虚伪,遭受那无时不在的危险,即突然变得卑鄙无耻。虽然他们自己从来没有将那危险放在心上。

作者:我们可曾希望以哲学才能和我们探讨的对象的那个一度出众的好名声招摇过市?

朋友：事实上和实质上，这样的事情不仅当前没有，也从来不曾在我们这里发生过。

作者：我们是否愿意承担那样的后果，即人们认为，我们将我与一个在公开场合已经表达得很充分的人进行的一场私人对话公之于众，未免有些无情？因为有那位老师出现的情景毕竟也被我们当下说出来了。

朋友：您想一想，像在文章中表明了哲学声望的沉沦的那个人一般厌恶写作的某个人，与前者在那方面谦虚地引为同道的苏格拉底之间，在下面这一点上也是相似的，即人们可以扩大他的种种教导的知名度，又不会因此而伤害他。

V, 77

作者：然而因为他很难对自己说过这话这个事实感到舒服，而这个事实又没有什么白纸黑字与他对质，现在要是他正式否认，该怎么办呢？我是不希望发生这种事情的。

朋友：那就以您的话和您的名誉与他对质，您通过表明是您将那些话付印的，以您的名誉担保，他应当被视作一个骗子。

作者：您打消了我的所有疑虑；您是否还能消除最后一个疑虑，即那些或许在寻找一场精巧对话，没有遂其所愿，反而发现了一场完全朴实的对话的朋友，会对我加以指责？

朋友：这也没问题；因为朋友并没有把您引入任何更好的对话中去。您现在愿意试一试吗？

作者：我倒是想呢；希望将来进行一些对话吧，它们会更令人欢喜的。祝您平安。

人名索引

（说明：条目后面的页码是指德文版《谢林全集》的页码，即本书边码。）

A

Adonis 阿多尼斯 IV, 329
Alexander 亚历山大 V, 13
Aristophanes 阿里斯托芬 IV, 232

C

Cartesius, Renatus 笛卡尔 V, 15, 51, 65
Cerwantes, Miguel de 塞万提斯 V, 55

E

Eschenmayer, Carl August von 埃申迈耶尔 V, 36, 62

Euklid 欧几里德 V, 58

F

Fichte, Johann Gottlieb 费希特 V, 8, 24, 26, 34, 35, 39, 44, 52, 53, 70, 72, 74, 75

H

Hegel, Georg Wilhelm Friedrich 黑格尔 V, 43

J

Jacobi, Friedrich Heinrich 雅可比 V, 58, 59
Jupiter 朱庇特 IV, 329

K

Kant, Immanuel 康德 V, 8, 52, 54, 56

L

Leibniz, Gottfried Wilhelm 莱布尼茨 V, 14, 30, 60, 63

N

Nicolai, Friedrich 尼古拉 V, 23

O

Osiris 奥西里斯 IV, 329

P

Plato 柏拉图 IV, 225; 242, 310; V, 44, 60

Polyhymnio 玻利虚尼奥 IV, 233, 234

Prometheus 普罗米修斯 IV, 242

R

Reinhold, Karl Leonhard 莱茵霍尔德 V, 18, 19, 20, 21, 22, 23, 25, 26, 27, 28, 31, 34, 36, 37, 39, 43, 44, 45, 47, 50, 51, 53, 54, 55, 57, 60, 64, 66, 73, 76

S

Schelling, Friedrich Wilhelm Joseph 谢林 V, 66

Shakspeare, William 莎士比亚 V, 45

Sokrates 苏格拉底 IV, 225, 242; V, 76

Sophokles 索福克勒斯 IV, 232

Spinoza, Baruch de 斯宾诺莎 V, 24, 26, 42, 58, 61, 65, 66

Z

Zeus 宙斯 IV, 276

主要译名对照

A

Abbild 摹本
abbilden 摹写
Abdruck 印迹
abgeleitet 衍生的
Abgrund 深渊
Absolute, das 绝对者
absondern / Absonderung 分化
Absurdität 荒谬性
Accidens 偶性
Aether 以太
Affektion 感受
Akt 行动
allgegenwärtig 无所不在
Allgemeine, das 普遍东西
All 大全
Alleinigkeit 大全一体性

All-Eins 大全一体
Allheit 大全
Anfang 开端
Anfangsgrund 开端根据
Anschauen 直观活动, 直观
Anschauung 直观
an sich 自在, 在其自身
An-sich 自在
Anstalt 机制
Antinomie 二律背反
Artikulation 分节表达
Aufklärung 启蒙
Ausdehnung 广延
Ausdruck 表现
Außereinander 相互外在
Axe 轴

B

begreifen 概念性把握，理解
Begriff 概念
beleben 激活
belebt 生机勃勃
belebte Wesen, das 生物
Beschaffenheit 性状，性质
Beschränktheit 局限性
Besondere, das 特殊东西
Bestehen 持存
Bestimmung 规定
Betrachtungsweise 考察方式
Beurtheilung 评判
Bewegliche, das 运动者
Bewegung 运动
Bewußtseyn 意识
Bild 形象，图景，镜像
Bildung 教化
Bleibende, das 持存者
Boden 基础
Breite 宽度，纬度
Brennpunkt 焦点

C

Centralpunkt 中点
conjungieren 联结
Conjunktion 联言判断
Construktion 构造
Copula 纽带
Creatur 受造物

D

Darstellung 阐述
Daseyn 定在
Dauer 绵延
dauern 延续
Denken 思维，思维活动
Dichter 诗人
Dichtigkeit 密度
Dicke 厚度
Dieselbigkeit 同一个，同一性
Differenz 差别
Differenzverhältniß 差别关系
Ding(Dinge) 事物
Ding an sich 自在之物
Drei-Einigkeit 三一体

Dritte, das 第三位的东西
Dualismus 二元论
Duplicität 双重性
Dyas 二
dynamisch 动力的

E

Ebenbild 仿相
Eigenschaft 特质
Eigenthum 财产
Eine, das 一，太一
Eingeschränktheit 局限性
Einheit 统一，统一性
Einrichtung 构造
einzeln 个别的，单个的
Elementarphilosophie 基础哲学
Empirie 经验
Empirische, das 经验性因素
Empirismus 经验论
Endliche, das 有限者
Energie 能量
Entdeckung 发现
Entgegengesetzte, das 对立者

Entstandene, das 产生者
Entzweiung 分化
Erfahrung 经验
Erkennen 认识，认识活动
Erkenntniß 认识
Erklärung 说明，澄清
Eros 爱欲
Erscheinend, das 现象东西
Erscheinung 现象
Erste, das 第一位的东西
erzählen 叙述
esoterisch 隐微的
Evidenz 明证性
Ewige, das 永恒者
Ewigkeit 永恒，永恒性
Existenz 实存
existiren 实存
Existirende, das 实存者
exoterisch 显白的
extensiv 广度的，广度上的

F

Festigkeit 坚固性

Figur 图形
Forderung 应当
Form 形式
Formelle, das 形式要素
Formlosigkeit 无形式状态
Formularphilosophie 公式哲学
fügen 接合
für sich 自为，自顾自
für sich selbst 为其自身

G

Gährung 酝酿
Ganze, das 全体，整体
Gattung 种类
Gedanke 思想
Gegenbild 映像
Gegensatz 对立，对立面
gegenwärtig 临在的
Geist 精神
Geistesvermögen 精神机能
Gemeinschaft 共同体
Gepräge 烙印
Geradlinige, das 直线性东西

Geschöpf 受造物
Gesetz 规律
Gespräch 对话
Gestalt 形态
Gestirn 星体
Getrenntheit 分离状态
Gewißheit 确定性
gleich 类同
Gleichgültigkeit 无所谓态度
Gleichheit 类同性，类同，平等
gleichsetzen 等量齐观
Glückseligkeit 喜乐
Gottheit 神性
Göttliche, das 神圣者
Gottwerdung 成圣
grenzenlos 无边无际
Grund 根据
Grundsatz 原理
Grundwahrheit 基本真理

H

Halbdenken 半吊子思维
Handeln 行动

Handlung 行动
heilig 神圣的,圣洁的
Herrlichkeit 庄严
hervorbringen 创生,传达
hervorbringende Natur, die 创生性自然
Himmel 天体
Himmelsstrich 天带
Höchste, das 至高者
Humanität 人性

I

Ich 自我
Ichheit 自我性
Ideale, das 观念东西
Idealgrund 观念根据
Idealismus 唯心论
Idealität 观念性
Idee 理念
Ideelle, das 观念性事物
Identische, das 同一性东西
Identität 同一性
Identitätspunkt 同一性之点

Inbegriff 总括
Indifferenz 无差别状态
Indifferenzpunkt 无差别之点
Individuum 个体
Intellektualismus 唯理智论
Intelligenz 理智,知识分子
intensiv 强度的,强度上的
Irrthum 错误

J

Jahr 年
Jahreszeit 季节

K

kategorisch 断然的
Kenntniß 了解
Klarheit 明晰性
Körper 物体
Körperliche, das 有形之物
Körperwerdung 形体化
Kunst 艺术,技艺
Kunstkritik 艺术批评

L

Länge 长度, 经度
Leben 生命, 生活
Lebensproceß 生命过程
Lehrgebäude 学说系统
Lehrstücke 学说教本
Leib 身体
leiden 受动
Licht 光
Lichtglanz 光辉
Linie 线, 线路
Lüge 谎言

M

Magnet 磁铁
Mannichfaltigkeit 杂多, 多样性
Maß 尺度
Masse 质量, 团块
Materialismus 唯物论
Materie 物质, 质料
Mechanismus 机械论
Mehrheit 杂多性
Menschwerdung 道成肉身
Mitte 中点
Mittheilung 传介
Mögliche, das 可能东西
Möglichkeit 可能性
Monas 一
Mond 月球, 卫星
Muster 典范
mütterliche Prinzip, das 母性本原
Mysterien 神秘学, 秘仪
Mythologie 神话

N

nachbilden 仿制
Nacheinander 相续
Nacht 夜, 黑夜
Naivetät 素朴性
Natur 自然, 大自然, 本性
Naturforscher 自然科学家
Naturlehre 自然学说
Natürliche, das 自然物
Naturphilosophie 自然哲学
Nebeneinander 相邻
Negation 否定

Negative, das 否定性东西
Negativität 否定性
Nichtdenken 非思维
Nichtrealität 非实在性
Nichts 虚无
Nichtsetzen 非设定
Nichtseyn 非存在
Nichtsseyn 一无所是
Nichtzuunterscheidende, das 不可区分者
Nützlichkeit 有用性

O

Obersatz 大前提
Objektives, das 客观东西
Objektivität 客观性
Organisation 有机体,有机组织
Organische, das 有机物
organische Wesen, das 有机物
Organismus 有机论,有机组织
Originalität 原创性
Ort 方所,地方

P

Philosophie 哲学
Philosophiren 哲学运思
plus 加和
Poesie 诗
Polarität 两极性,两极结构
Position 设定
Positive, das 肯定性东西
Potenz 潜能阶次
Preis 价值
Prinzip 本原,原则
Probe 样品
Proceß 过程,反应过程
Produkt 产品,产物
produktiv 生产性的
Produktive, das 生产者

Q

Qualität 质
Quantität 量
Quellpunkt 源头

R

Reale, das 实在东西
Realgrund 实在根据
Realismus 实在论
Realität 实在性
Rede 演说,讨论,探讨
reflektiren 反映
Reflex 反映
Reflexion 反思
Reflexionscultur 反思文化
Reich 王国
Reinheit 纯净,纯净性
Relative, das 相对者
Relativität 相对性
Ruhe 宁静

S

Sache 事情
Satz 命题
schaffende Natur, die 创生的自然
Schein 假相,映像
Schema 图式
Schluß 推理
Schlußsatz 结论
schöne Seele, die 优美灵魂
Schönheit 美
Schwere / Schwerkraft 重力
Schwerpunkt 重心
Seele 灵魂
Seelenorgan 灵魂器官
Selbständige, das 独立东西
Selbstbewußtsein 自我意识
selig 极乐的,圣洁的
Seligkeit 极乐
setzen / Setzen 设定
Seyn 存在
sich selbst Gleiche, das 自相等同者
Sinn 意义
Sinnbild 形象
Sinnlosigkeit 无意义性
Sollen 应当
Sonne 太阳
Speculation 思辨
Speculative, das 思辨东西

Sphäre 层面,天体层面
Sprache 语言
sterblich 有朽的
Sterblichkeit 有朽性
Stoff 质料,物质
Strahl 光线
Streben 奋进
Streit 争论
Stufe 层级
Stufenfolge 层级序列
Subjektives, das 主观东西
Subjektivität 主体性,主观性
Subjekt-Objekt 主体—客体
Substanz 实体
Sündenfall 原罪

T

Tag 日,白日
tätig 主动的,活泼泼的,活跃的
Täuschung 幻觉
That 事态
Thätigkeit 活动
Theodicee 神正论

Thun 所作所为,行为
Tiefe 深度
Totalität 总体性
Transscendentalphilosophie 先验哲学
Typus 典范

U

Übereinstimmung 共识
Umlauf 循环,公转
Unbedingte, das 无条件者
undurchsichtig 不透明的
Unendliche, das 无限者
Universum 宇宙
Unorganische, das 无机物
Unphilosophie 非哲学
unsterblich 不朽的
Unsterbliche, das 不朽者
untergeordnet 从属性的
Untersatz 小前提
Unterschied 区别
Unveränderliche, das 不变的东西

unvergänglich 永驻的
Unvollkommenheit 不完善性
Urbild 原型
urbildliche Natur, die 原型自然
urbildliche Verstande, der 原型理智
Urreale, das 原初实在东西
Ursprung 本源
ursprünglich 原初的
Urstoff 元素
Urtheil 判断

V

väterliche Prinzip, das 父性本原
Verderblichkeit 易朽性
vergänglich 易逝的
Verkehrtheit 颠倒
Vermittelnde, das 中介者
Vermögen 机能
Vernunft 理性
Vernunftewigkeit 理性永恒性
Vernunftidee 理性理念
Vernünftige, das 有理性者

Verschiedenheit 差异, 差异体
Verstande 知性, 理智
Verstandeserkenntnis 知性认识
Verstandes-Identität 知性同一性
Verstandeswissenschaft 知性科学
Verursachung 肇因
Vielheit 杂多
vollenden 成全
vollkommen 完善的
Vollkommenheit 完善性
voraussetzen 预设
Voraussetzung 预设
Vorbild 范型
vorbilden 预先定型
Vorstellung 表象, 想象, 观念
vortrefflich 卓越的
Vortrefflichkeit 卓越, 卓越性

W

Wahre, das 真东西
Wahrheit 真理

Wandelbare, das 变迁者
Wechsel 更替
Weltkörper 天体
Widerschein 反照
Wiederholbarkeit 可重复性
Willensfreiheit 意志自由
Willkür 任意
Wirkliche, das 现实东西
Wirklichkeit 现实性，现实
Wirksamkeit 效用
Wissen 知识
Wissenslehre 知识学说
Wollen 意愿
Wort 言词

Z

Zeit 时间
Zeitbegriff 时间概念
Zeitliche, das 时间性东西
Zirbeldrüse 松果体
Zugvogel 候鸟
Zusammenhang 整体关联，语境
zusammensetzen 聚合
Zusammenstimmung 调谐
zweckmäßig 合目的
zwillingsbegriff 孪生概念